奇略

李 论 / 著

淘云科技 / 主审

围棋官子

108局

化学工业出版社
· 北京 ·

图书在版编目（CIP）数据

围棋官子108局 / 李论著. —北京：化学工业出版社，2024.5

ISBN 978-7-122-45389-1

Ⅰ. ①围… Ⅱ. ①李… Ⅲ. ①围棋—对局（棋类运动）Ⅳ. ①G891.3

中国国家版本馆CIP数据核字（2024）第071042号

责任编辑：史　懿　　　　　　　　　　封面设计：张　辉
责任校对：王　静　　　　　　　　　　装帧设计：盟诺文化

出版发行：化学工业出版社
　　　　　（北京市东城区青年湖南街13号　邮政编码100011）
印　　装：大厂聚鑫印刷有限责任公司
880mm×1230mm　1/32　印张9　字数218千字　2024年6月北京第1版第1次印刷

购书咨询：010-64518888　　　　　　售后服务：010-64518899
网　　址：http://www.cip.com.cn
凡购买本书，如有缺损质量问题，本社销售中心负责调换。

定　　价：68.00元

前言

围棋在中国文化中有着重要的地位。作为一种能够体现中国文化底蕴和魅力的智慧游戏，围棋有着悠久的历史，传承至今，仍深受广大爱好者的喜爱。

随着围棋受众的日益扩大，有关学习围棋的书也多起来，但官子方面的书相对较少。一般棋友多在布局、死活、定式等方面下功夫，却忽略了官子。官子虽处最后阶段，却至关重要。在中盘差距不大的情况下，收官往往决定胜负。因此，提升官子技术，可以使落后的局面有机会反败为胜，而优势的局面得以保持，对提高胜率有较大帮助。

本人以为，官子是围棋中较难的技术之一。为了加强初学者对官子的理解，本书结合多年来的教学经验，设计原创题，采取9路棋盘模式，尽量贴近实战，难度由浅入深。本书最大的特色就是考虑到19路棋盘因官子变化多，很难穷极变化，故使用9路棋盘。虽缩小盘路，但可尽其变化，得出最优解，以简寓理，使读者更深入地理解官子，学会收官思维方法，了解官子大小、先后手概念以及一些常见的官子手筋，从而提高官子水平。

本书在成书的过程中，曾得到一些朋友和同行的支持和帮助，在此一并表示感谢！由于本人的水平有限，难免会存在某些不足，恳请各位读者批评指正！如果本书能使读者有所收获，将是本人最大的欣慰！

李 论 于「奇略研究所」
2024年3月

目 录

收官的基本规律

初学官子首先要了解双先官子、单先官子、后手官子之间的区别以及次第关系，有了一定基础之后，再继续学习官子价值的计算以及一些常见的官子手筋。常见官子的目数要背下来，这一点非常重要，可以在对局中节省很多时间。最后通过大量的对局，不断优化自己的官子技术。

一般情况下，收官时要先走双先官子，而双先官子中又以对对方死活有威胁的官子为最要，然后走单先官子（先手官子），最后走后手官子。收官时，如果一方能抢先收掉对方的先手官子（即逆收官子）也是非常重要的抢目手段。收官时，在官子价值差不多的情况下，尽量先挑厚的下，除了厚薄关系，还要注意劫材情况（尽量在不损失目数的情况下，消除对方的劫材或者增加己方的劫材）。

提高官子技术不是一蹴而就的，收官经常涉及到时机的问题，下早了可能会帮助对方加厚或者使己方落后手，下晚了可能就走不到了。边角的官子计算还比较容易，中间的官子计算更难。这个只能自己通过大量的对局去积累经验，是没有捷径可走的。

本书为读者提供官子排局练习，以学习各种官子常型和官子手筋，从而提高实战能力。希望大家通过这些练习，将收官所需要掌握的计算力和技巧相融合，不断提升官子能力，最终提高胜率。

官子 108 局

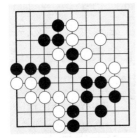

第001局 黑先 第011页
难度★☆☆☆☆☆

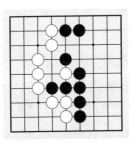

第002局 黑先 第013页
难度★☆☆☆☆☆

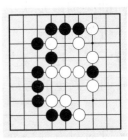

第003局 黑先 第015页
难度★☆☆☆☆☆

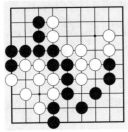

第004局 黑先 第017页
难度★☆☆☆☆☆

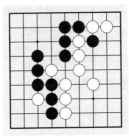

第005局 黑先 第019页
难度★☆☆☆☆☆

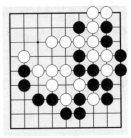

第006局 黑先 第021页
难度★☆☆☆☆☆

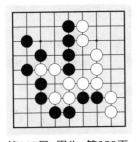

第007局 黑先 第023页
难度★☆☆☆☆☆

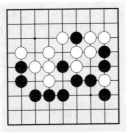

第008局 黑先 第025页
难度★☆☆☆☆☆

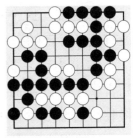

第009局 黑先 第027页
难度★☆☆☆☆☆

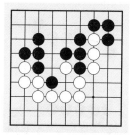

第010局 黑先 第029页
难度★☆☆☆☆☆

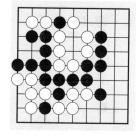

第011局 黑先 第031页
难度★☆☆☆☆☆

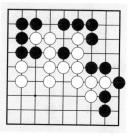

第012局 黑先 第033页
难度★☆☆☆☆☆

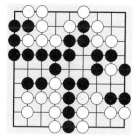

第013局 黑先 第035页
难度★☆☆☆☆☆

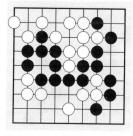

第014局 黑先 第037页
难度★☆☆☆☆☆

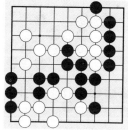

第015局 黑先 第039页
难度★☆☆☆☆☆

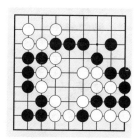

第016局 黑先 第041页
难度★☆☆☆☆☆

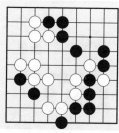

第017局 黑先 第043页
难度★☆☆☆☆☆

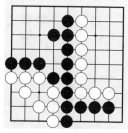

第018局 黑先 第045页
难度★☆☆☆☆☆

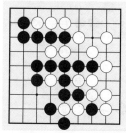

第019局 黑先 第047页
难度★☆☆☆☆☆

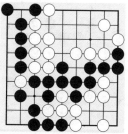

第020局 黑先 第049页
难度★★☆☆☆☆

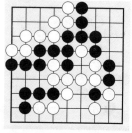

第021局 黑先 第051页
难度★★☆☆☆☆

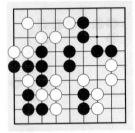

第022局 黑先 第053页
难度 ★★☆☆☆

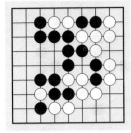

第023局 黑先 第055页
难度 ★★☆☆☆

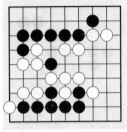

第024局 黑先 第057页
难度 ★★☆☆☆

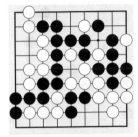

第025局 黑先 第059页
难度 ★★☆☆☆

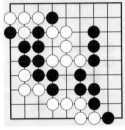

第026局 黑先 第061页
难度 ★★☆☆☆

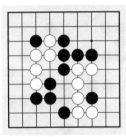

第027局 黑先 第063页
难度 ★★☆☆☆

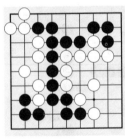

第028局 黑先 第065页
难度 ★★☆☆☆

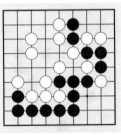

第029局 黑先 第067页
难度 ★★☆☆☆

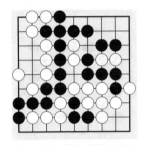

第030局 黑先 第069页
难度 ★★☆☆☆

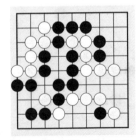

第031局 黑先 第071页
难度 ★★☆☆☆

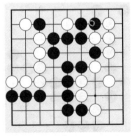

第032局 黑先 第073页
难度 ★★☆☆☆

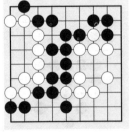

第033局 黑先 第075页
难度 ★★☆☆☆

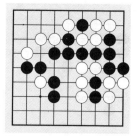

第034局 黑先 第077页
难度★★☆☆☆☆

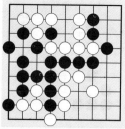

第035局 黑先 第079页
难度★★☆☆☆☆

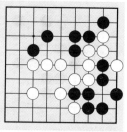

第036局 黑先 第081页
难度★★☆☆☆☆

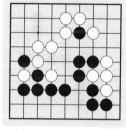

第037局 黑先 第083页
难度★★☆☆☆☆

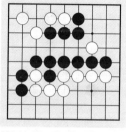

第038局 黑先 第085页
难度★★☆☆☆☆

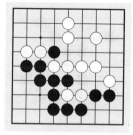

第039局 黑先 第087页
难度★★☆☆☆☆

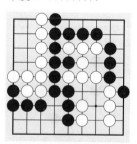

第040局 黑先 第089页
难度★★☆☆☆☆

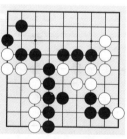

第041局 黑先 第091页
难度★★☆☆☆☆

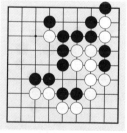

第042局 黑先 第093页
难度★★★☆☆☆

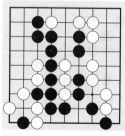

第043局 黑先 第095页
难度★★★☆☆☆

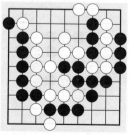

第044局 黑先 第097页
难度★★★☆☆☆

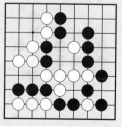

第045局 黑先 第099页
难度★★★☆☆☆

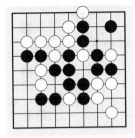

第046局 黑先 第101页
难度 ★★★☆☆☆

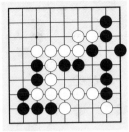

第047局 黑先 第103页
难度 ★★★☆☆☆

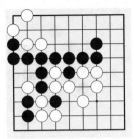

第048局 黑先 第105页
难度 ★★★☆☆☆

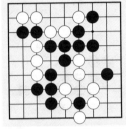

第049局 黑先 第107页
难度 ★★★☆☆☆

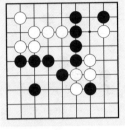

第050局 黑先 第109页
难度 ★★★☆☆☆

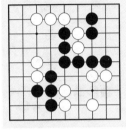

第051局 黑先 第111页
难度 ★★★☆☆☆

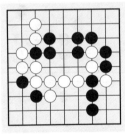

第052局 黑先 第113页
难度 ★★★☆☆☆

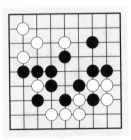

第053局 黑先 第115页
难度 ★★★☆☆☆

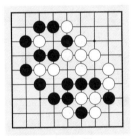

第054局 黑先 第117页
难度 ★★★☆☆☆

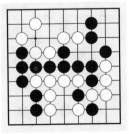

第055局 黑先 第119页
难度 ★★★☆☆☆

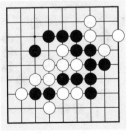

第056局 黑先 第121页
难度 ★★★☆☆☆

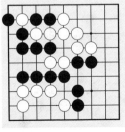

第057局 黑先 第124页
难度 ★★★☆☆☆

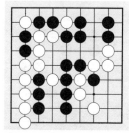

第058局 黑先 第127页
难度 ★★★☆☆☆

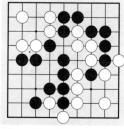

第059局 黑先 第130页
难度 ★★★☆☆☆

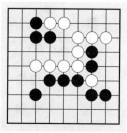

第060局 黑先 第133页
难度 ★★★☆☆☆

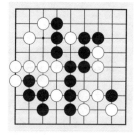

第061局 黑先 第136页
难度 ★★★★☆☆

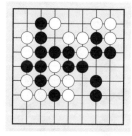

第062局 黑先 第138页
难度 ★★★★☆☆

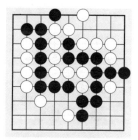

第063局 黑先 第140页
难度 ★★★★☆☆

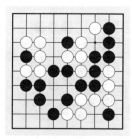

第064局 黑先 第142页
难度 ★★★★☆☆

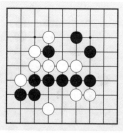

第065局 黑先 第144页
难度 ★★★★☆☆

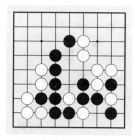

第066局 黑先 第146页
难度 ★★★★☆☆

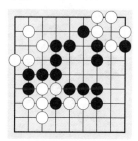

第067局 黑先 第148页
难度 ★★★★☆☆

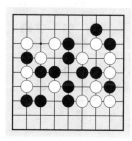

第068局 黑先 第150页
难度 ★★★★☆☆

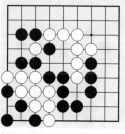

第069局 黑先 第152页
难度 ★★★★☆☆

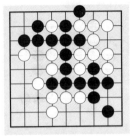

第070局 黑先 第154页
难度 ★★★★☆☆

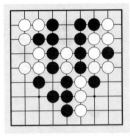

第071局 黑先 第156页
难度 ★★★★☆☆

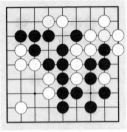

第072局 黑先 第158页
难度 ★★★★☆☆

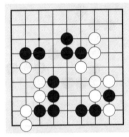

第073局 黑先 第160页
难度 ★★★★☆☆

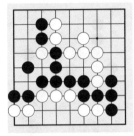

第074局 黑先 第163页
难度 ★★★★☆☆

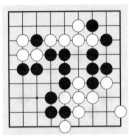

第075局 黑先 第166页
难度 ★★★★☆☆

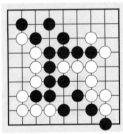

第076局 黑先 第169页
难度 ★★★★☆☆

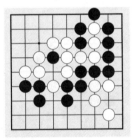

第077局 黑先 第172页
难度 ★★★★☆☆

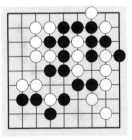

第078局 黑先 第175页
难度 ★★★★☆☆

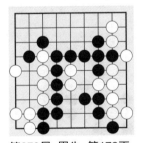

第079局 黑先 第178页
难度 ★★★★☆☆

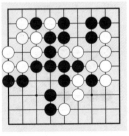

第080局 黑先 第181页
难度 ★★★★☆☆

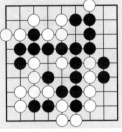

第081局 黑先 第184页
难度 ★★★★☆☆

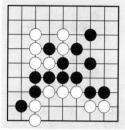

第082局 黑先 第187页
难度 ★★★★☆☆

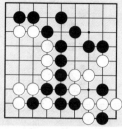

第083局 黑先 第190页
难度 ★★★★☆☆

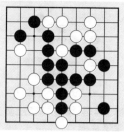

第084局 黑先 第193页
难度 ★★★★☆☆

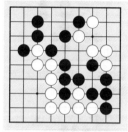

第085局 黑先 第196页
难度 ★★★☆☆

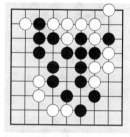

第086局 黑先 第200页
难度 ★★★★☆☆

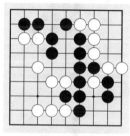

第087局 黑先 第204页
难度 ★★★★☆

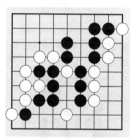

第088局 黑先 第207页
难度 ★★★★☆

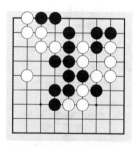

第089局 黑先 第210页
难度 ★★★★★☆

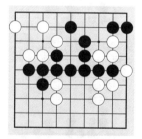

第090局 黑先 第213页
难度 ★★★★★☆

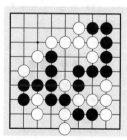

第091局 黑先 第216页
难度 ★★★★★☆

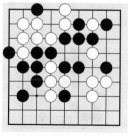

第092局 黑先 第219页
难度 ★★★★★☆

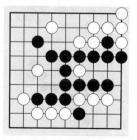

第093局 黑先 第222页
难度 ★★★★★☆

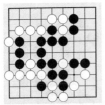

第094局 黑先 第225页
难度★★★★☆

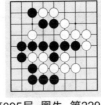

第095局 黑先 第229页
难度★★★★☆

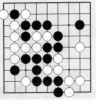

第096局 黑先 第233页
难度★★★★☆

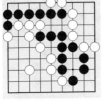

第097局 黑先 第237页
难度★★★★☆

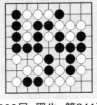

第098局 黑先 第241页
难度★★★★☆

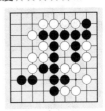

第099局 黑先 第245页
难度★★★★☆

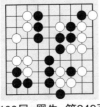

第100局 黑先 第249页
难度★★★★☆

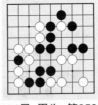

第101局 黑先 第253页
难度★★★★☆

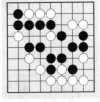

第102局 黑先 第257页
难度★★★★☆

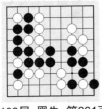

第103局 黑先 第261页
难度★★★★☆

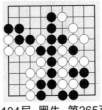

第104局 黑先 第265页
难度★★★★☆

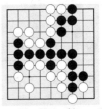

第105局 黑先 第269页
难度★★★★☆

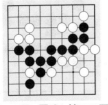

第106局 黑先 第273页
难度★★★★☆

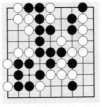

第107局 黑先 第277页
难度★★★★★

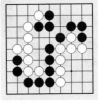

第108局 黑先 第281页
难度★★★★★

第001局

黑先：盘面5目   难度：★☆☆☆☆☆

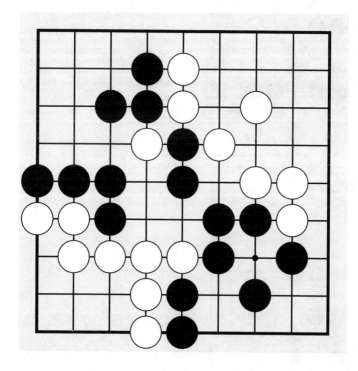

解题思路：本局已接近尾声，先手官子显而易见，左下角的官子是本局的难点，黑棋应该如何收官呢？

第001局 讲解

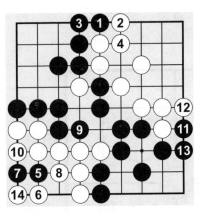

正解图

黑1扳是先手3目。黑5靠是官子好手，白6以下必然。黑11扳是后手2目。定型至白14，黑棋22目，白棋17目，黑棋盘面5目。

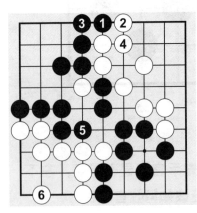

变化图

变化图

黑5贴不好，白6跳是正应，黑棋比正解图亏损1目。

第 002 局

黑先：盘面13目   难度★☆☆☆☆☆

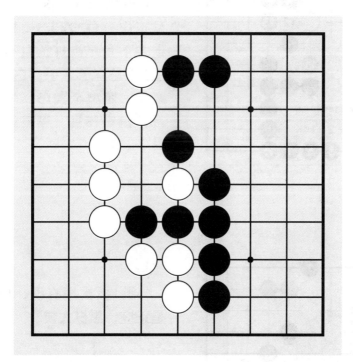

解题思路：本局难度不大，如果能看出上下两处官子的区别，问题不难解决。

第002局 讲解

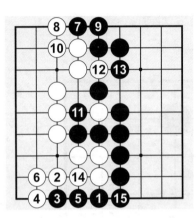

正解图

正解图

黑1扳是双先8目，白2虎是正应。白2若走5位打，黑走左下角星位打，白不行。黑3托是官子好手，白4以下必然。定型至黑15，黑棋31目，白棋18目，黑棋盘面13目。

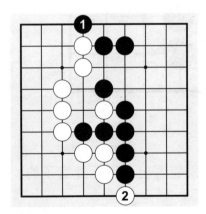

变化图

变化图

黑1扳次序有误，白2扳是正应，黑棋大损。

第003局

黑先：盘面3目　　　　难度：★☆☆☆☆☆

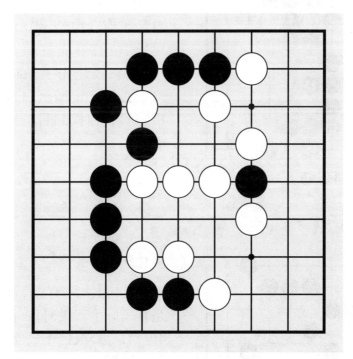

解题思路：右上角的官子显而易见，但应该先从右下角收官，第一步是关键。

第 003 局 讲解

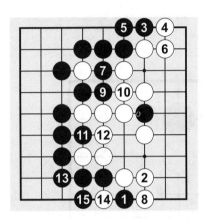

正解图 ⑯ = ❶

正解图

　　黑1扳是官子好手，白2退是正应。白2若走8位打，黑走2位打形成打劫，白不行。黑3扳是先手3目，白4以下必然。定型至白16，黑棋26目，白棋23目，黑棋盘面3目。

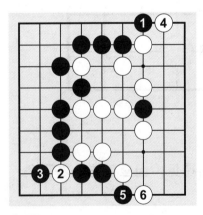

变化图

变化图

　　黑1扳次序有误，白2断是官子好手，黑3打，白回到4位挡，黑5扳已不成立，白6打，黑棋亏损。

第 004 局

黑先：盘面3目　　　　难度：★☆☆☆☆☆

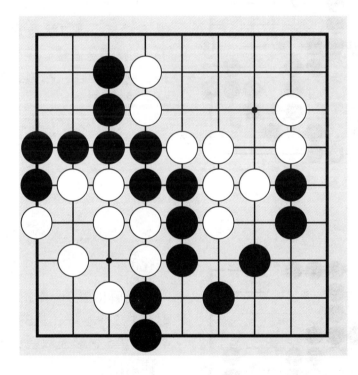

解题思路：左下角可以施展手段，但直接走效果不佳，从全局考虑，黑棋应该如何收官呢？

第004局 讲解

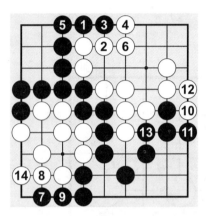

正解图

黑1扳是双先官子，白2以下必然。黑7跳是官子好手，白8团是正应。定型至白14，黑棋17目，白棋14目，黑棋盘面3目。

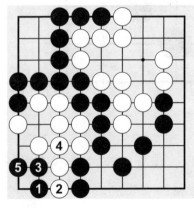

变化图

变化图

正解图黑7于本图黑1跳时，白2冲不好，黑3打，白4接，黑5立形成双活，白棋亏损。

第005局

黑先：盘面11目　　　　　难度 ★☆☆☆☆☆

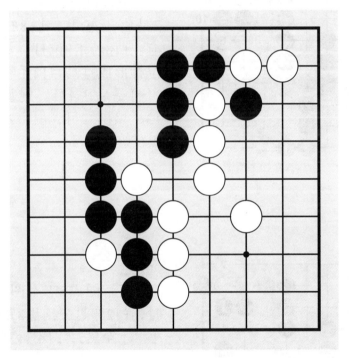

解题思路：双先官子显而易见，右上角的官子是本局的难点，黑棋应该如何收官呢？

第005局 讲解

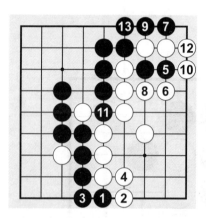

正解图

正解图

黑1扳是双先4目。黑5、7是官子好手，白8打是正应。白8若走9位打，黑走12位打形成打劫，白不行。黑11打是后手4目。定型至黑13，黑棋32目，白棋21目，黑棋盘面11目。

变化图

变化图

变化图

正解图黑5于本图黑1挡时，白2弯过分，黑3跳是好手。下至黑5，白不行。

第006局

黑先：盘面8目　　　　　难度：★☆☆☆☆☆

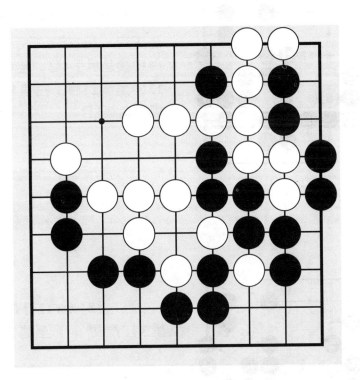

解题思路：本局有三处官子，首先要找到先手官子，剩下的官子不难解决。

第006局 讲解

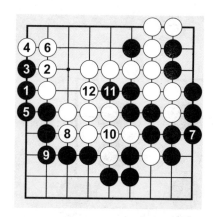

正解图

正解图

黑1扳是先手5目，白2退是正应。黑7接是后手5目。白10接是后手4目。定型至白12，黑棋21目，白棋13目，黑棋盘面8目。

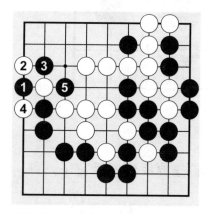

变化图

变化图

黑1扳时，白2打过分，黑3打严厉。下至黑5，白不行。

第 007 局

黑先：盘面11目   难度 ★☆☆☆☆☆

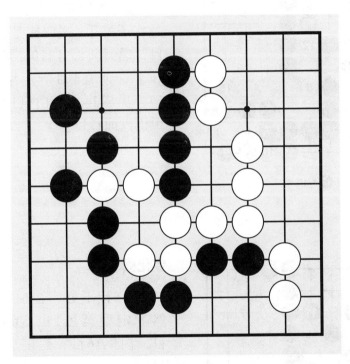

解题思路：双先官子不难发现，右下角的官子是本局的难点，黑棋应该如何收官呢？

第007局 讲解

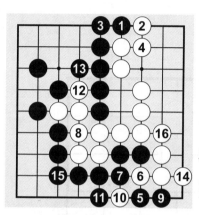

正解图　**17**=**10**

正解图

　　黑1扳是双先4目。黑5跳是官子好手。白8接是后手6目，黑9爬时，白10扑是官子好手，便宜1目。定型至黑17，黑棋24目，白棋13目，黑棋盘面11目。

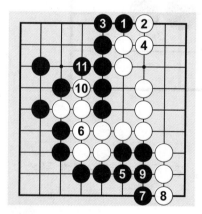

变化图

变化图

　　黑5接不好，白6以下必然。定型至黑11，黑棋26目，白棋16目，黑棋盘面10目。

第008局

黑先：盘面7目　　　　　难度：★☆☆☆☆☆

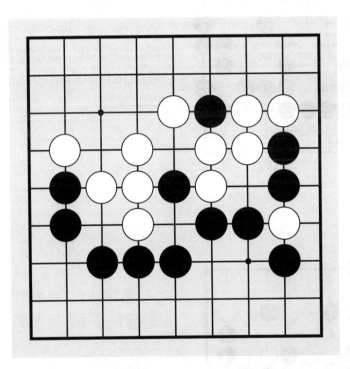

解题思路： 本局有三处官子，注意先后手之间的次第关系，问题不难解决。

第008局 讲解

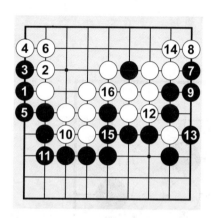

正解图

正解图

黑1扳是先手5目，白2退是正应。黑7扳是先手3目，白8以下必然。定型至白16，黑棋26目，白棋19目，黑棋盘面7目。

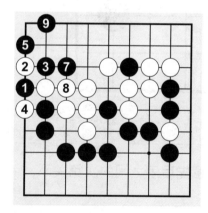

变化图　⑥＝❶

变化图

黑1扳时，白2挡不好，黑3打是好手。下至黑9，白不行。

第009局

黑先：盘面平目　　　　难度：★☆☆☆☆☆

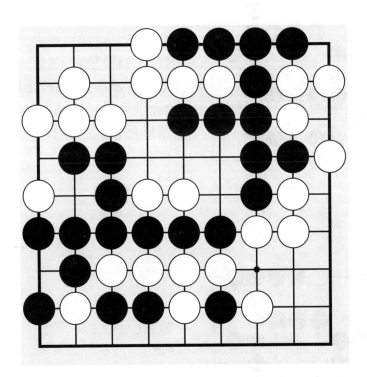

解题思路：本局官子很多，首先要找到双先官子，第一步是关键。

第009局 讲解

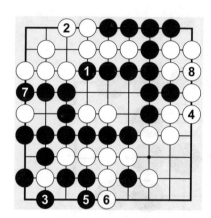

正解图

正解图

黑1挤是双先2目，白2做眼是正应，黑3提是后手10目，白4接是后手6目，黑5立是官子好手，白6挡必然，黑7冲是后手3目。定型至白8，黑棋16目，白棋16目，双方盘面平目。

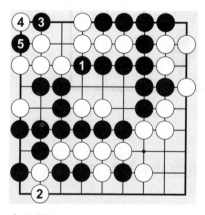

变化图

变化图

黑1挤时，白2立过分，黑3托是好手。下至黑5形成打劫，白不行。

第010局

黑先：盘面2目　　　　　难度：★☆☆☆☆☆

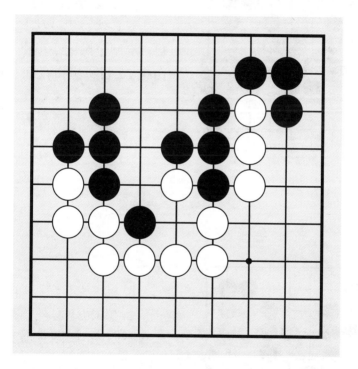

解题思路：右下角的官子是本局的难点，第一步是关键。

第010局 讲解

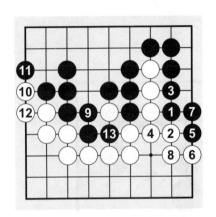

正解图

黑1夹是官子好手，白2以下必然。黑9接是后手4目。定型至黑13，黑棋24目，白棋22目，黑棋盘面2目。

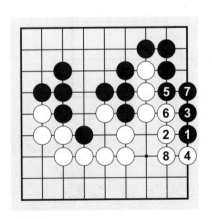

变化图

变化图

黑1大飞不好，白2虎是正应，黑3以下必然。下至白8，黑棋比正解图亏损2目。

第011局

黑先：盘面3目　　　　　难度：★☆☆☆☆☆

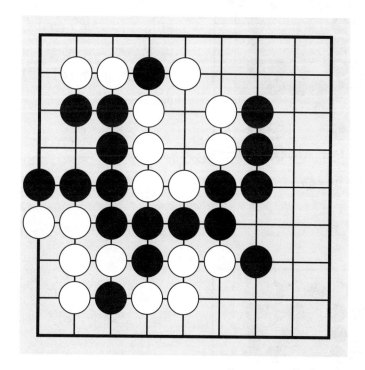

解题思路： 本局有两处大官子，上边可以施展手段，黑棋应该如何收官呢？

第011局 讲解

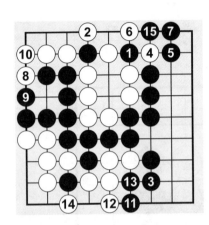

正解图 ⑯ = ❶

正解图

黑1挤是官子好手，白2提是正应，黑3立很大，白4以下必然。定型至白16，黑棋19目，白棋16目，黑棋盘面3目。

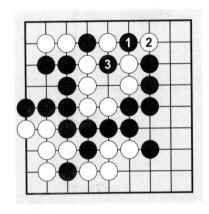

变化图

变化图

黑1挤时，白2打不好，黑3扑是好手，白不行。

第 012 局

黑先：盘面5目　　　　　难度：★☆☆☆☆☆

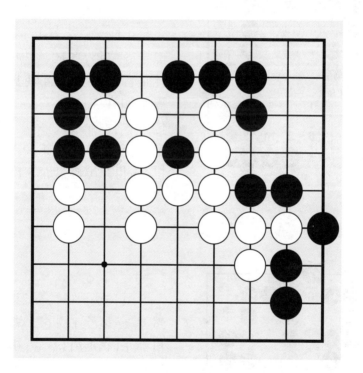

第012局 讲解

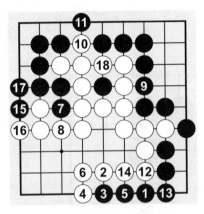

正解图

黑1尖是官子手筋，白2飞是正应。白2若走14位尖，黑走5位爬，白棋亏损。黑3托是官子好手，白4以下必然。黑1如在3位大飞，白走12位冲，黑断点太多接不归。定型至白18，黑棋20目，白棋15目，黑棋盘面5目。

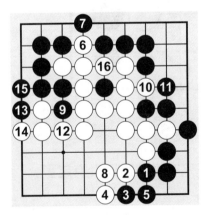

变化图

变化图

黑1拐不好，白2以下必然。定型至白16，黑棋20目，白棋17目，黑棋盘面3目。

第013局

黑先：盘面1目　　　　　难度：★☆☆☆☆☆

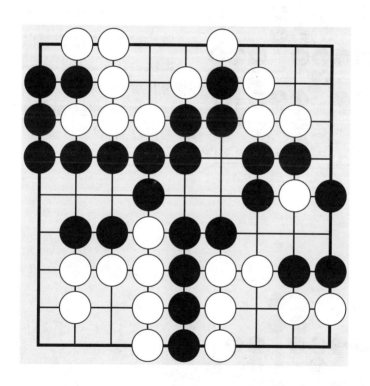

解题思路： 上边可以施展手段，但直接走效果不佳，从全局考虑，黑棋应该如何收官呢？

第013局 讲解

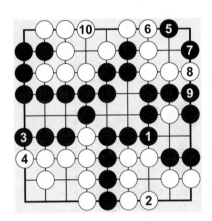

正解图

黑1团是先手官子，白2做活。黑3立最佳，白4挡是正应。黑5、7是官子好手，角里形成双活。定型至白10，黑棋11目，白棋10目，黑棋盘面1目。

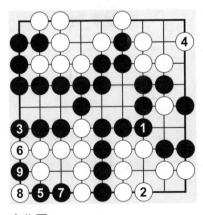

变化图

变化图

黑3立时，白4脱先不成立，黑5顶是好手。下至黑9形成打劫，白不行。

第014局

黑先：盘面6目　　　　难度：★☆☆☆☆☆

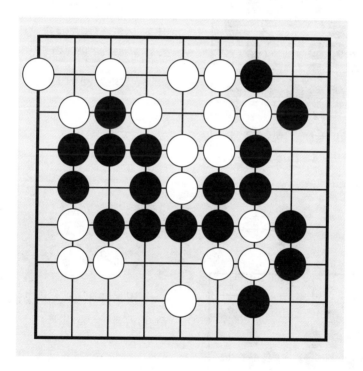

解题思路：左下角可以施展手段，第一步是关键。

第 014 局 讲解

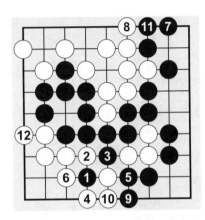

正解图

正解图

黑1靠是官子好手，白2以下必然。黑7虎很大。定型至白12，黑棋22目，白棋16目，黑棋盘面6目。

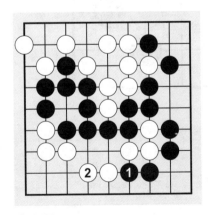

变化图

变化图

黑1打不好，白2退是冷静的好手，黑棋亏损。

第015局

黑先：盘面1目 　　　　　难度：★☆☆☆☆☆

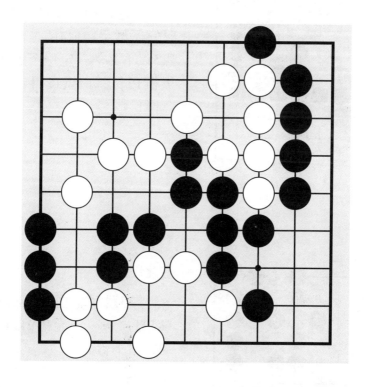

解题思路： 双先官子不要错过，左上角可以施展手段，黑棋应该如何收官呢？

第015局 讲解

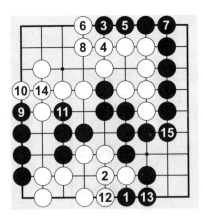

正解图

正解图

黑1打是双先2目。黑3跳是官子妙手，白4团是正应，黑5以下必然。定型至黑15，黑棋13目，白棋12目，黑棋盘面1目。

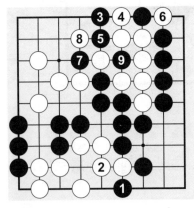

变化图

变化图

黑3跳时，白4冲不好，黑5打严厉。下至黑9形成打劫，白不行。

第016局

黑先：盘面8目　　　　　难度：★☆☆☆☆☆

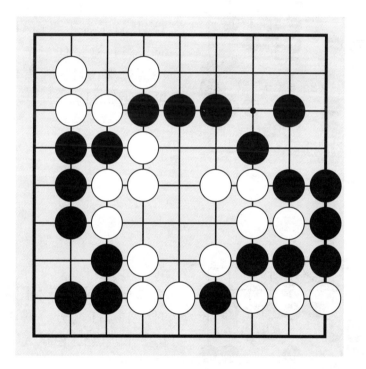

解题思路： 先手官子不难发现，中间白棋棋形不佳，黑棋应该如何收官呢？

第016局 讲解

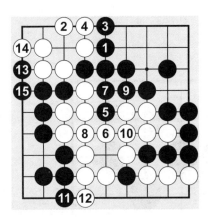

正解图

正解图

黑1、3是先手官子。黑5挖是官子好手，白6打是正应。黑11立最佳。定型至黑15，黑棋19目，白棋11目，黑棋盘面8目。

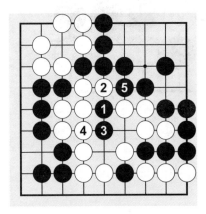

变化图

变化图

变化图

正解图黑5于本图黑1挖时，白2打过分，黑3长严厉。下至黑5，白棋大损。

第017局

黑先：盘面8目　　　　　　难度：★☆☆☆☆☆

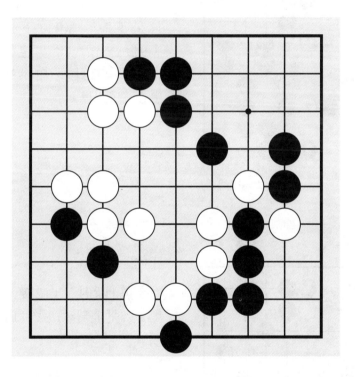

第017局 讲解

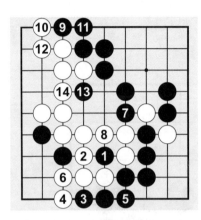

正解图

正解图

黑1断是官子手筋，白2打是正应，黑3以下必然。黑9扳是先手3目。定型至白14，黑棋28目，白棋20目，黑棋盘面8目。

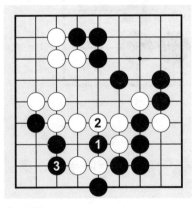

变化图

变化图

黑1断时，白2接不好，黑3挡是官子好手，白棋大损。

第018局

黑先：盘面4目　　　　难度：★☆☆☆☆☆

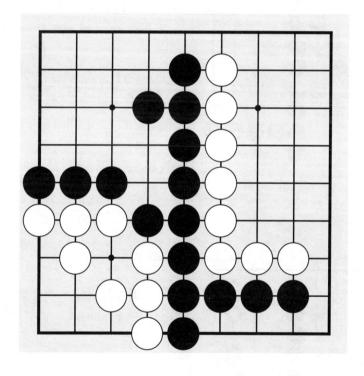

解题思路： 左下角可以施展手段，但直接走效果不佳，如果能看出右边两处官子的区别，本局将迎刃而解。

第018局 讲解

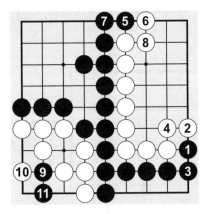

正解图

正解图

黑1扳是最佳下法，白2以下必然。黑1若走5位扳，白可以补在二二，黑下边扳成为后手，黑棋亏损。黑9挤是官子手筋。定型至黑11，黑棋20目，白棋16目，黑棋盘面4目。

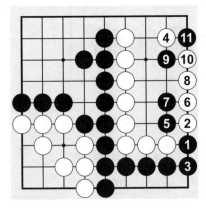

变化图

变化图

黑3接时，白4跳不成立，黑5打严厉。下至黑11，白不行。

第019局

黑先：盘面11目 　　　　　　难度 ★ ☆ ☆ ☆ ☆ ☆

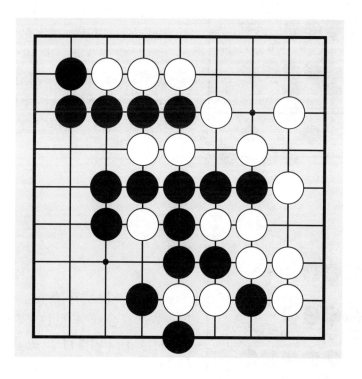

解题思路： 最大的官子似乎已经很明显了，但普通下法却不能满意，需要想想办法才行。

第019局 讲解

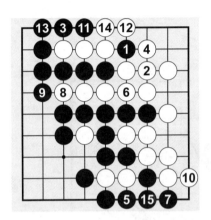

正解图

正解图

　　黑1断是官子好手，白2接是正应。白2若走4位打，黑走6位打成为先手，白棋亏损。黑5提是后手9目，白6接是后手6目，黑7扳是后手3目强。定型至黑15，黑棋25目，白棋14目，黑棋盘面11目。

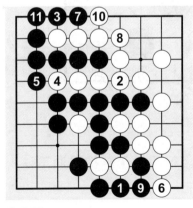

变化图

变化图

　　黑1提次序有误，白2接必然。定型至黑11，黑棋25目，白棋17目，黑棋盘面8目。

第 020 局

黑先：盘面2目　　　　　难度：★★☆☆☆☆

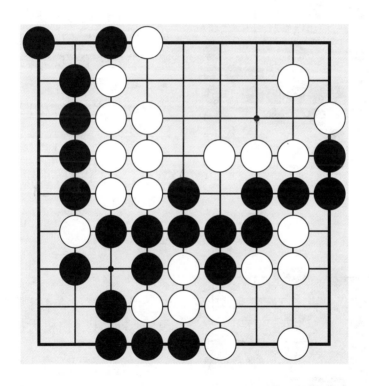

解题思路：黑在上边可以施展手段，第一步是关键。

第 020 局 讲解

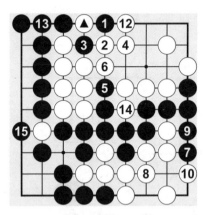

正解图　⑪ = ▲

黑1打是官子妙手，白2打，黑3提时，白4退是正应。黑1若走2位点，白走4位靠，黑接不归。白2若在13位提劫，黑走8位打找劫，白打不过。黑7托是官子好手，白8以下必然。定型至黑15，黑棋13目，白棋11目，黑棋盘面2目。

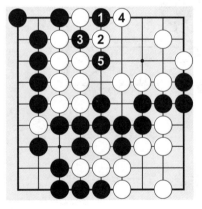

变化图

变化图

黑3提时，白4打不好，黑5打是好手，白棋大损。

050

第 021 局

黑先：盘面4目　　　　难度：★★☆☆☆☆

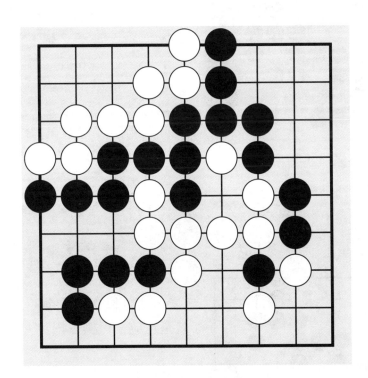

解题思路： 左上角可以施展手段，但直接走效果不佳，首先要找到双先官子，第一步是关键。

第 021 局 讲解

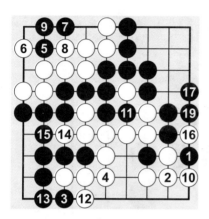

正解图 ⑱ = ❶

正解图

黑 1 打是双先官子。黑 3 扳是先手官子。黑 5 靠是官子好手，白 6 扳，黑 7 尖是好手，角里形成双活。白 6 若走 7 位尖，黑走 6 位立，目数相同。定型至黑 19，黑棋 15 目，白棋 11 目，黑棋盘面 4 目。

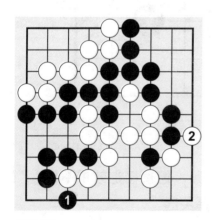

变化图

变化图

黑1扳次序有误，白2扳是正应，黑棋亏损。

第022局

黑先：盘面5目　　　　难度：★★☆☆☆☆

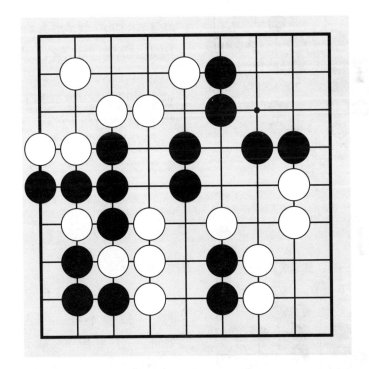

解题思路：右下角可以施展手段，左上角的官子同样不容忽视，黑棋应该如何收官呢？

第 022 局 讲解

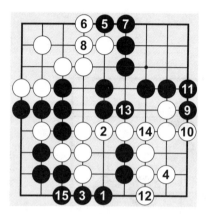

正解图

黑1尖是官子手筋，白2接是正应。白2若走3位挡，黑走2位冲，白不行。黑5、7最佳，白8接必要。黑9扳是逆收3目。定型至黑15，黑棋17目，白棋12目，黑棋盘面5目。

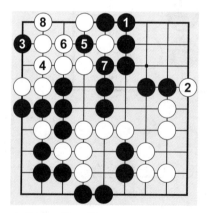

变化图 **9** = **5**

变化图

正解图黑7于本图黑1接时，白2扳不好，黑3、5是好手。下至黑9形成打劫，白不行。

第 023 局

黑先：盘面3目   难度：★★☆☆☆☆

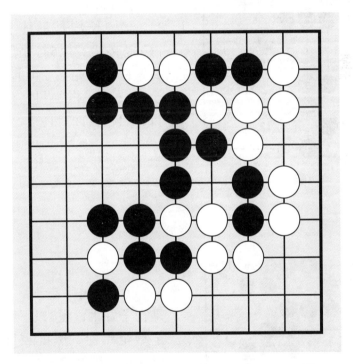

解题思路：左下角的官子是本局的难点，黑棋应该如何
收官呢？

第 023 局 讲解

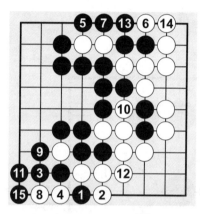

正解图　⑯ = ❶

正解图

黑1扳是官子好手，白2打、黑3长均是最佳下法，白4提必然。黑5打是后手10目。白10提是后手4目。定型至白16，黑棋24目，白棋21目，黑棋盘面3目。

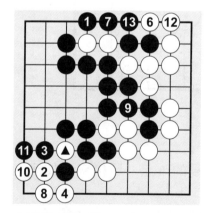

变化图　❺ = ⊛

变化图

黑1打次序有误，白2打是官子好手，黑3以下必然。定型至黑13，黑棋22目，白棋20目，黑棋盘面2目。

第 024 局

黑先：盘面6目   难度：★ ★ ☆ ☆ ☆ ☆

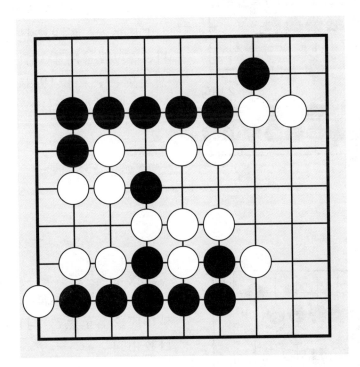

解题思路： 下边黑棋显然没活，做活的同时要考虑官子问题，第一步是关键。

第024局 讲解

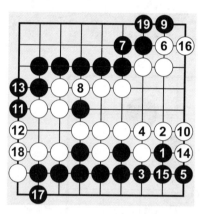

正解图

正解图

黑1夹是官子手筋，白2以下必然。白8接是后手5目，黑9扳是后手3目强。定型至黑19，黑棋19目，白棋13目，黑棋盘面6目。

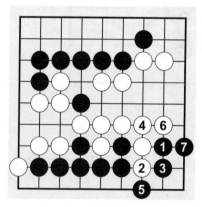

变化图

变化图

黑1夹时，白2冲，黑3夹是正应。下至黑7，与正解图目数相同。

058

第 025 局

黑先：盘面4目   难度 ★ ★ ☆ ☆ ☆ ☆

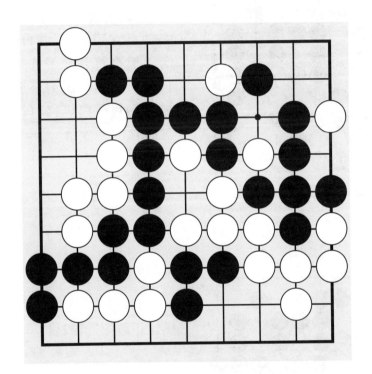

解题思路：左上角和下边可以施展手段，黑棋应该如何收官呢？

第 025 局 讲解

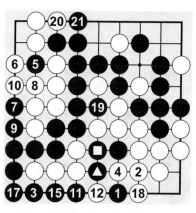

正解图 ❸＝🔺 ⑭＝🔲 ⑯＝⑫

正解图

黑1尖是官子妙手。黑5、7是官子手筋。白10团做活，黑11打是官子好手，白12以下必然。定型至黑21，黑棋19目，白棋15目，黑棋盘面4目。

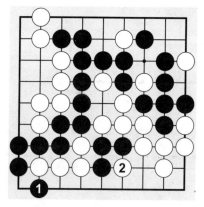

变化图

变化图

黑1扳不好，白2打，黑棋比正解图亏损2目。

第 026 局

黑先：盘面7目　　　　难度：★★☆☆☆☆

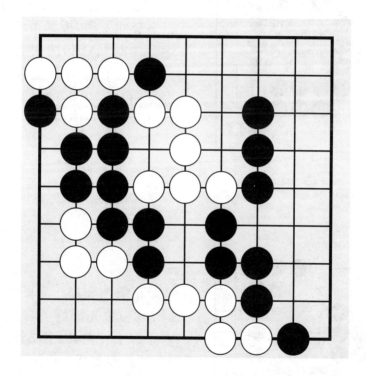

解题思路： 本局有两处大官子，注意左下角官子的细节，问题不难解决。

第026局 讲解

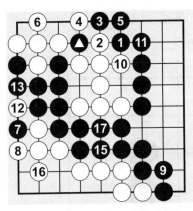

正解图 ⑭=❼ ⑱=▲

正解图

黑1尖是先手官子，白2以下必然。黑7扳是重要的次序，白8挡，黑9接很大。黑15接时，白16补棋必要。定型至白18，黑棋18目，白棋11目，黑棋盘面7目。

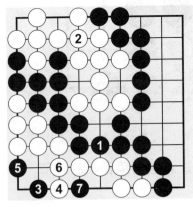

变化图

变化图

正解图黑15于本图黑1接时，白2脱先不好，黑3点是官子好手，白4以下必然。下至黑7形成双活，白不行。

第 027 局

黑先：盘面2目   难度：★ ★ ☆ ☆ ☆ ☆

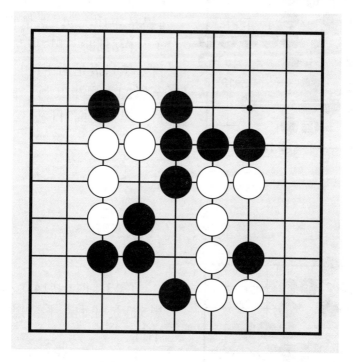

> **解题思路**：本局有三处大官子，注意先后手之间的次第
> 关系，问题不难解决。

第 027 局 讲解

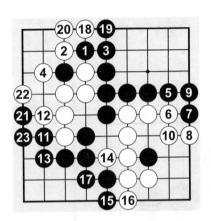

正解图

黑1、3是先手官子，白4提是正应，黑5立是官子好手，白6挡时，黑7扳是双先4目。黑11扳是后手8目。定型至黑23，黑棋20目，白棋18目，黑棋盘面2目。

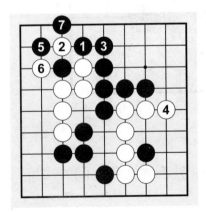

变化图

变化图

黑3接时，白4立不好，黑5打是好手。下至黑7，白不行。

第 028 局

黑先：盘面6目　　　　　　　难度：★ ★ ☆ ☆ ☆ ☆

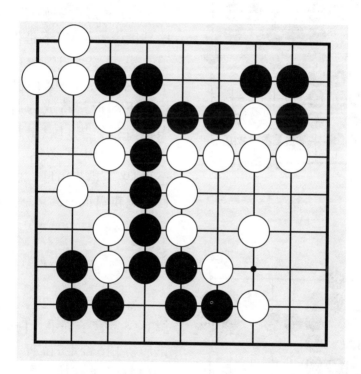

解题思路： 左上角和右下角可以施展手段，应该先从右下角收官，第一步是关键。

第 028 局 讲解

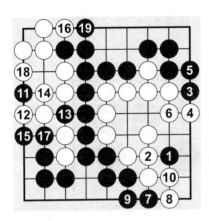

正解图

黑1点是官子好手，白2接是正应，黑3以下是先手官子。黑1若先走3位扳接的官子，白棋将在1位补棋，黑棋右下的扳接将成为后手，黑棋亏损。黑11点是官子妙手，白12以下必然。定型至黑19，黑棋20目，白棋14目，黑棋盘面6目。

变化图

黑1点时，白2挡不好，黑3、5是官子好手，白6打是正应。白6若走7位打，黑走20位打形成打劫，白不行。定型至黑21，黑棋20目，白棋13目，黑棋盘面7目。

变化图

第 029 局

黑先：盘面4目　　　　难度：★★☆☆☆☆

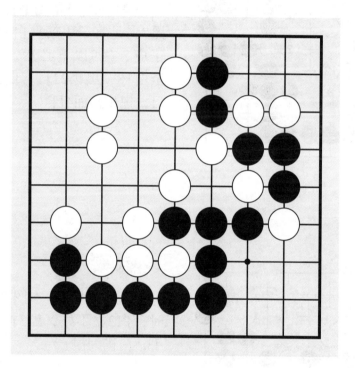

解题思路：左下角和右上角可以施展手段，黑棋应该如何收官呢？

第029局 讲解

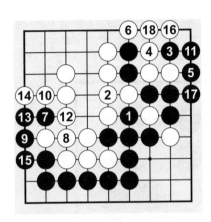

正解图

黑1、3、5是先手官子。黑7夹是官子手筋，白8接是正应，黑9以下必然。定型至白18，黑棋22目，白棋18目，黑棋盘面4目。

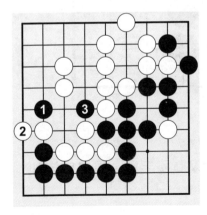

变化图

变化图

正解图黑7于本图黑1夹时，白2立不好，黑3打是好手，白棋大损。

068

第 030 局

黑先：盘面4目　　　　　难度：★★☆☆☆☆

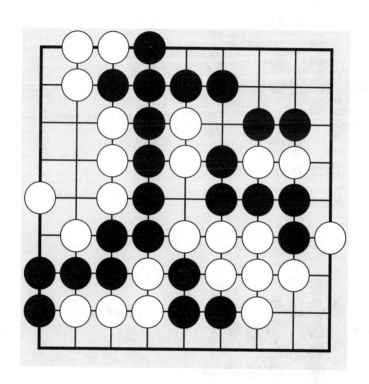

解题思路：大官子已所剩无几，左上角可以施展手段，一定要注意先后手的问题。

第030局 讲解

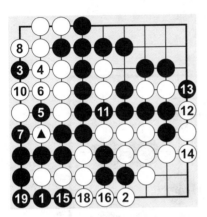

正解图 **9** = **5**　**17** = **▲**

正解图

黑1扳是先手3目。黑3点是官子好手，白4接时，黑5扑最佳，白6以下必然。黑11接是后手6目。定型至黑19，黑棋18目，白棋14目，黑棋盘面4目。

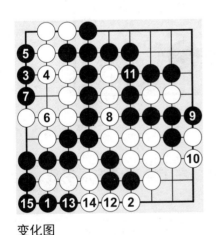

变化图

变化图

白4接时，黑5爬不好，白6接，黑7顶时，白8接很大。定型至黑15，黑棋14目，白棋11目，黑棋盘面3目。

第 031 局

黑先：盘面4目   难度：★★☆☆☆☆

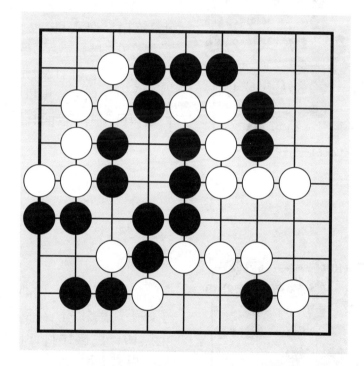

解题思路：左上角可以施展手段，但直接走效果不佳，从全局考虑，黑棋应该如何收官呢？

第031局 讲解

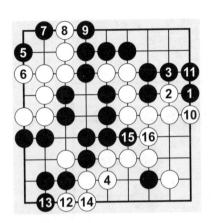

正解图

正解图

黑1跳是官子好手。黑1若走2位挡，白走1位扳，黑棋亏损。白4接是后手6目，黑5点是后手5目。白12扳是后手2目。定型至白16，黑棋18目，白棋14目，黑棋盘面4目。

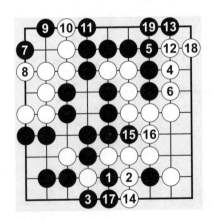

变化图

变化图

黑1、3不好，白4夹是官子好手，黑5以下必然。定型至黑19，黑棋16目，白棋14目，黑棋盘面2目。

第 032 局

黑先：盘面3目　　　　　难度：★★☆☆☆☆

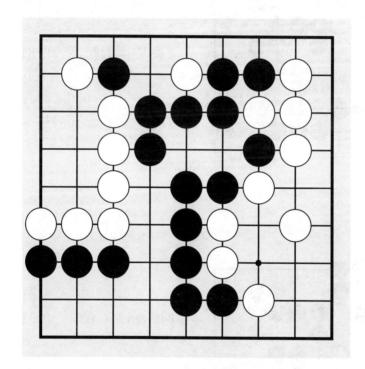

解题思路： 左上角和右下角可以施展手段，黑棋应该如何收官呢？

第032局 讲解

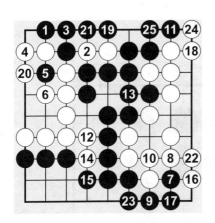

正解图

黑1扳是官子手筋，白2、4必然，黑5断是好手。黑7夹是官子好手，白8顶是正应。黑11扳是后手3目强。定型至黑25，黑棋14目，白棋11目，黑棋盘面3目。

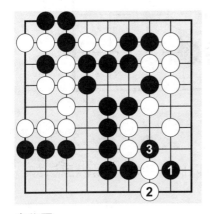

变化图

变化图

正解图黑7于本图黑1夹时，白2立不好，黑3打，白不行。

074

第033局

黑先：盘面1目　　　　难度：★ ★ ☆ ☆ ☆ ☆

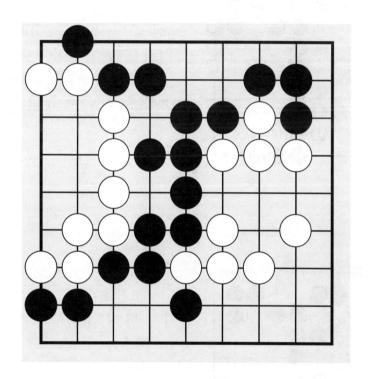

第033局 讲解

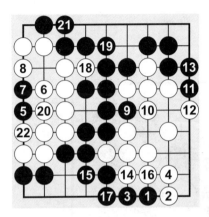

正解图

正解图

黑1飞是官子手筋，白2靠是正应。黑1若走14位爬，白走16位挡，黑棋亏损2目。黑5点是官子好手，白6以下必然。定型至白22，黑棋13目，白棋12目，黑棋盘面1目。

变化图

黑1尖不好，白2靠是好手，黑3打不成立。下至白6，黑不行。

变化图

第 034 局

黑先：盘面1目　　　　　难度：★★☆☆☆☆

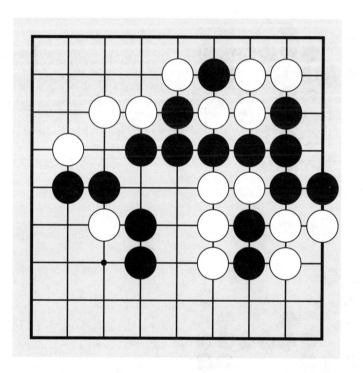

解题思路： 双先官子显而易见，左上角的官子是本局的难点，黑棋应该如何收官呢？

第 034 局 讲解

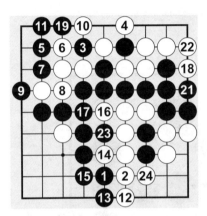

正解图 ⑳ = ❸

正解图

黑1尖是双先4目。黑3、5是官子好手，白6以下必然。黑11立是后手8目。白12立是官子好手，黑13挡最佳。定型至白24，黑棋18目，白棋17目，黑棋盘面1目。

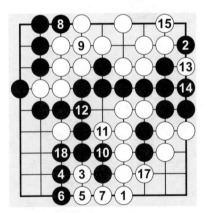

变化图 ⓰ = ⑬

变化图

正解图白12于本图白1立时，黑2扳不好，白3挤是官子好手，黑4以下必然。定型至黑18，黑棋15目，白棋15目，双方盘面平目。

第 035 局

黑先：盘面2目　　　　难度：★★☆☆☆☆

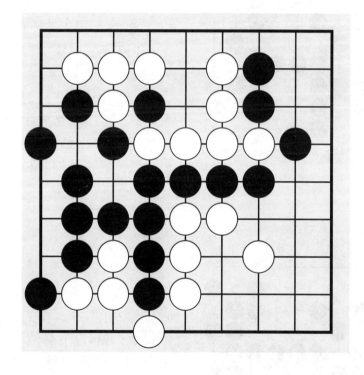

解题思路： 大官子有很多，首先要找到双先官子，右上角的官子同样不容忽视。

第035局 讲解

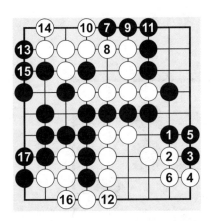

正解图

黑1尖是双先官子，白2以下必然。黑7点是官子好手，白8接是正应。白8若走9位挡，黑走11位挡成为先手，白棋亏损。白12接是后手8目。黑13扳是先手3目。定型至黑17，黑棋13目，白棋11目，黑棋盘面2目。

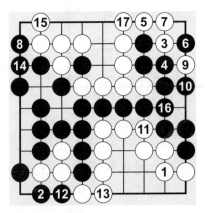

变化图 ⑱ = ⑨

变化图

正解图白6于本图白1接时，黑2打不好，白3夹是官子好手，黑4以下必然。定型至黑18，黑棋14目，白棋14目，双方盘面平目。

第 036 局

黑先：盘面9目　　　　　　　　难度：★★☆☆☆☆

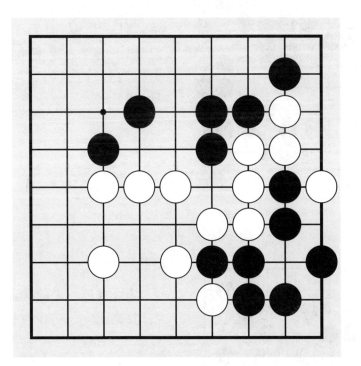

解题思路：左上角的官子是本局的重点，要注意先后手的问题，第一步是关键。

第036局 讲解

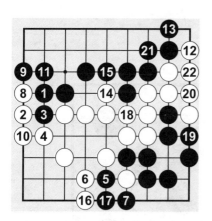

正解图

黑1立是官子好手，白2跳最佳。黑5打是后手6目，白6以下必然。定型至白22，黑棋21目，白棋12目，黑棋盘面9目。

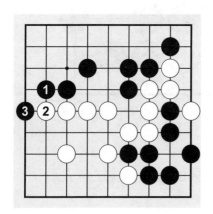

变化图

变化图

黑1立时，白2挡不好，黑3扳是正应，白棋亏损。

082

第 037 局

黑先：盘面1目　　　　　难度：★★☆☆☆☆

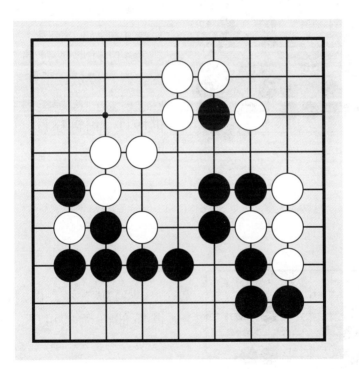

解题思路：左上角和右上角可以施展手段，黑棋应该如何收官呢？

第 037 局 讲解

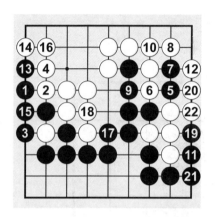

正解图

黑1尖是官子手筋，白4弯是正应。白4若走13位打，黑走4位打形成打劫，白不行。黑5、7是官子好手，白8以下必然。定型至白22，黑棋19目，白棋18目，黑棋盘面1目。

变化图

黑1爬不好，白2扳，黑棋局部已无棋可下，黑棋亏损。

变化图

第038局

黑先：盘面6目   难度：★★☆☆☆☆

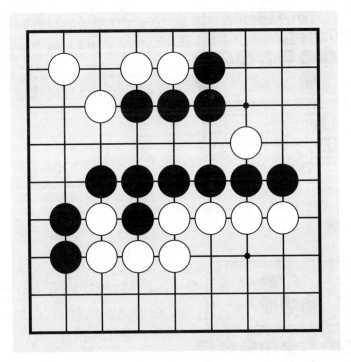

解题思路： 双先官子之间也有重点，第一步是关键。

第038局 讲解

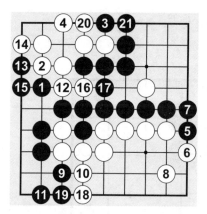

正解图

黑1尖是双先官子中的重点，白2团做活。黑3、5是双先官子。黑9扳很大，白10以下必然。定型至黑21，黑棋21目，白棋15目，黑棋盘面6目。

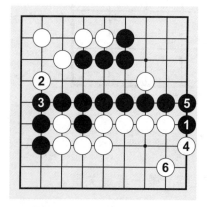

变化图

变化图

黑1扳次序有误，白2尖是正应，黑3接，白回到4位打，黑棋大损。

第 039 局

黑先：盘面平目　　　　难度：★★☆☆☆☆

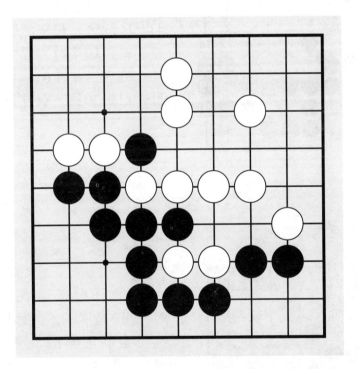

第 039 局 讲解

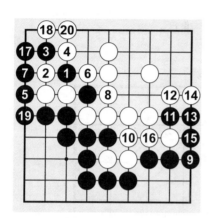

正解图

黑1、3是官子手筋，白4以下必然。黑9立是官子好手，白10接时，黑11挤最佳。定型至白20，黑棋20目，白棋20目，双方盘面平目。

变化图

正解图白8于本图白1提时，黑2提不好，白3以下必然。定型至黑12，黑棋22目，白棋23目，白棋盘面1目。

变化图

第040局

黑先：盘面12目　　　　　难度★★☆☆☆☆

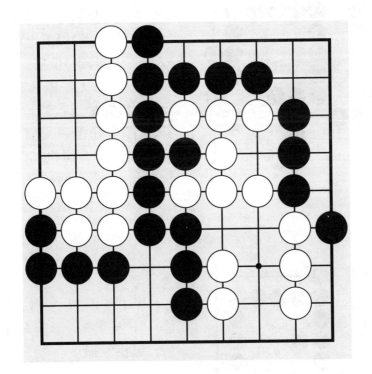

解题思路：左上角可以施展手段，第一步是关键。

第040局 讲解

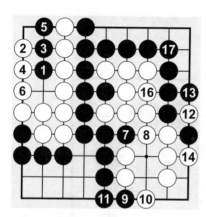

正解图 ⑮ = ⑫

正解图

黑1点是官子好手，白2跳是正应，黑3以下走成先手双活。白2若走3位挡，黑走2位扳，白已无法做活，白不行。黑9扳是逆收3目。白12扑是官子好手，便宜1目。定型至黑17，黑棋17目，白棋5目，黑棋盘面12目。

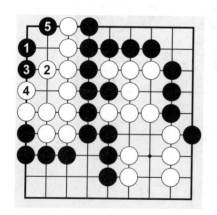

变化图

变化图

黑1点不好，白2弯最佳。下至黑5，形成后手双活，黑棋亏损。

第041局

黑先：盘面9目   难度：★★☆☆☆☆

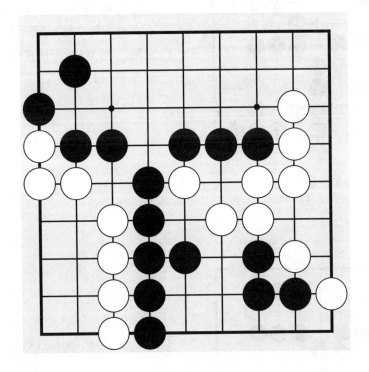

第041局 讲解

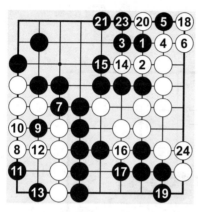

正解图 22 = 5

正解图

黑1跳是官子好手，白2以下必然。黑7挤是官子妙手，白8跳，黑9以下形成双活。定型至白24，黑棋17目，白棋8目，黑棋盘面9目。

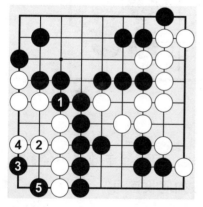

变化图

变化图

正解图黑7于本图黑1挤时，白2弯，黑3点是好手。下至黑5，与正解图目数相同。

第 042 局

黑先：盘面8目　　　　　　难度：★★★☆☆☆

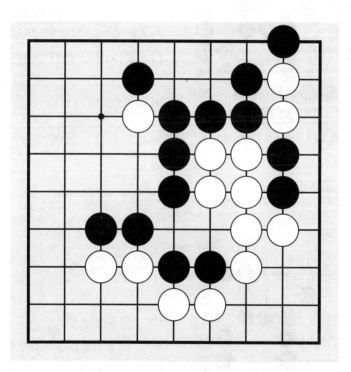

解题思路： 左下角的官子是本局的难点，黑棋应该如何
收官呢？

第042局 讲解

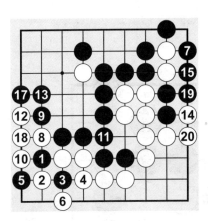

正解图　⑯＝❶

正解图

黑1、3、5是官子好手，白6提时，黑7打是后手12目，白8以下必然。定型至白20，黑棋26目，白棋18目，黑棋盘面8目。

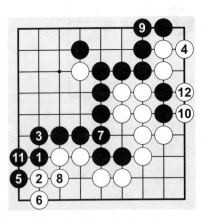

变化图

变化图

黑3接不好，白4弯是正应，黑5以下必然。定型至白12，黑棋25目，白棋19目，黑棋盘面6目。

第 043 局

黑先：盘面4目　　　　难度：★ ★ ★ ☆ ☆ ☆

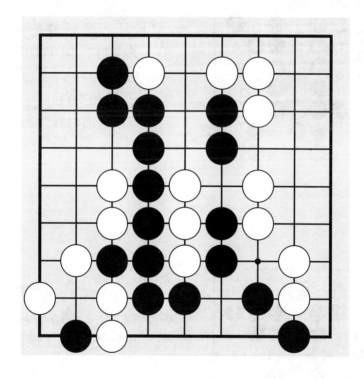

解题思路： 本局有三处大官子，如果处理得当，黑棋可以全部将其纳入囊中。

第043局 讲解

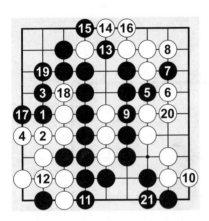

正解图

正解图

黑1靠是官子手筋。白4立做活，黑5、7是官子好手，白8打，黑9接成为先手，白10以下必然。定型至黑21，黑棋20目，白棋16目，黑棋盘面4目。

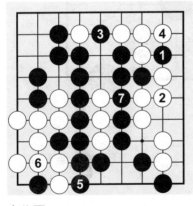

变化图

变化图

正解图黑7于本图黑1断时，白2接，黑3打成为先手。下至黑7，与正解图目数相同。

第 044 局

黑先：盘面17目　　　　　　难度 ★ ★ ★ ☆ ☆ ☆

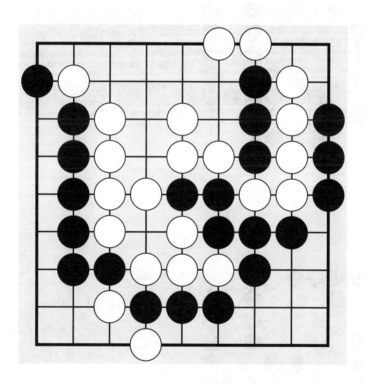

解题思路：上边可以施展手段，黑棋应该如何收官呢？

第 044 局 讲解

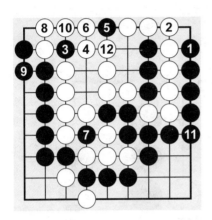

正解图

正解图

黑1打是先手官子。黑3、5是官子好手，白6打是正应。黑7提是后手8目，白8以下必然。定型至白12，黑棋31目，白棋14目，黑棋盘面17目。

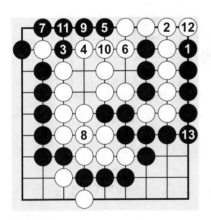

变化图

变化图

黑5靠时，白6拐不好，黑7以下必然。定型至黑13，黑棋27目，白棋9目，黑棋盘面18目。

第 045 局

黑先：盘面9目　　　　　难度：★ ★ ★ ☆ ☆ ☆

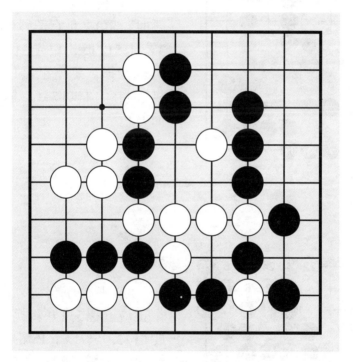

解题思路：本局有三处大官子，收官的次序尤为重要，第一步是关键。

第045局 讲解

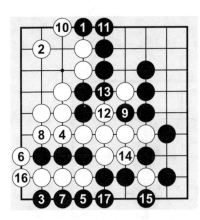

正解图

正解图

黑1扳是双先官子，白2跳时，黑3夹是官子妙手。黑3若走5位扳，白走3位弯，黑棋亏损。定型至黑17，黑棋26目，白棋17目，黑棋盘面9目。

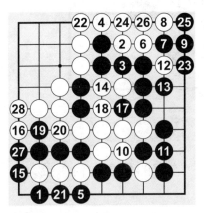

变化图

变化图

黑1夹次序有误，白2夹是正应。黑5只好转换，白6爬很大，黑7以下必然。定型至白28，黑棋22目，白棋15目，黑棋盘面7目。

第046局

黑先：盘面9目　　　　难度：★★★☆☆☆

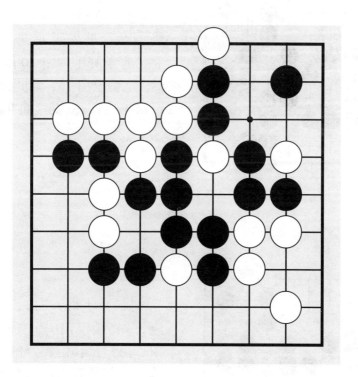

解题思路：大官子有很多，应该先从右下角收官，而左下角的官子也不容忽视。

第046局 讲解

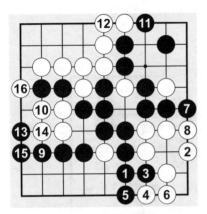

正解图

正解图

黑 1 立最佳，白 2 做活，黑 3 以下是先手官子。黑 9 立是官子好手，白 10 以下必然。定型至白 16，黑棋 25 目，白棋 16 目，黑棋盘面 9 目。

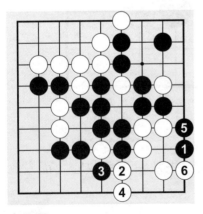

变化图

变化图

黑1点不好，白2、4是正应，黑5爬，白6挡，黑棋亏损。黑5若走6位爬，白走5位挡，角里是双活，黑不行。

第 047 局

黑先：盘面1目 难度：★★★☆☆☆

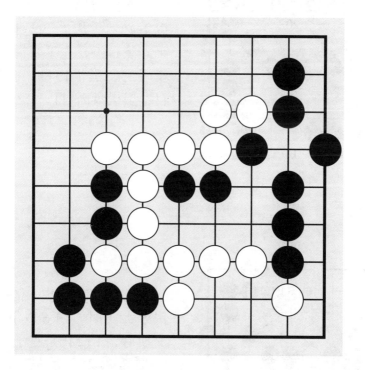

解题思路：左上角的官子是本局的焦点，第一步是关键。

第 047 局 讲解

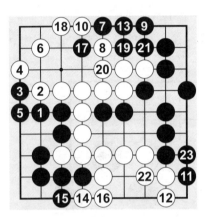

正解图

正解图

黑1弯是官子好手，白2以下必然。黑7、9是官子好手。黑11扳是先手4目。定型至黑23，黑棋13目，白棋12目，黑棋盘面1目。

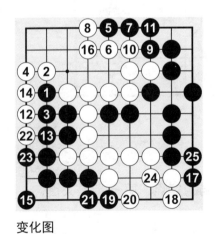

变化图

变化图

黑1、3不好，白4立最佳，黑5大飞时，白6以下先手交换后，白12托是官子好手。定型至黑25，黑棋10目，白棋11目，白棋盘面1目。

第 048 局

黑先：盘面平目 　　　难度：★ ★ ★ ☆ ☆ ☆

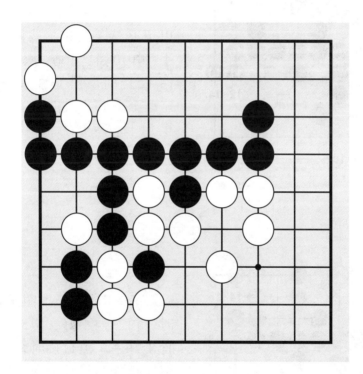

解题思路：没有定型的地方很多，应该先从左上角收官，第一步是关键。

第048局 讲解

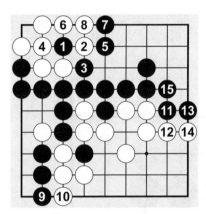

正解图

正解图

黑1靠是官子手筋，白2以下必然。黑9立是官子好手，白10挡是正应。黑11扳，白12挡时，黑13立最佳。定型至黑15，黑棋21目，白棋21目，双方盘面平目。

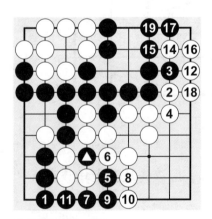

变化图　⓭ = ▲

变化图

正解图黑9于本图黑1立时，白2、4不好，黑5、7是官子好手。黑11接时，白12与黑13均是最佳应对。定型至黑19，黑棋18目，白棋17目，黑棋盘面1目。

第049局

黑先：盘面4目　　　　难度：★★★☆☆☆

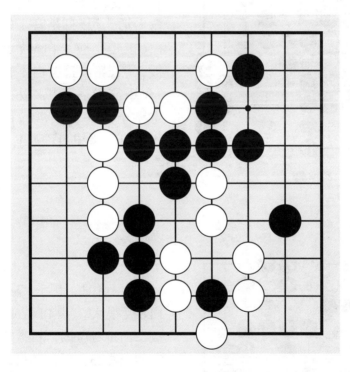

解题思路： 右下角的官子显而易见，如何兼顾左上角的两处官子，是本局的难点所在。

第 049 局 讲解

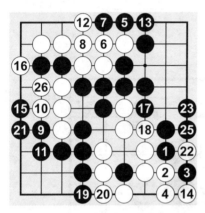

正解图 ㉔ = ❸

正解图

黑1、3是先手官子，白4弯做活，黑5打是官子好手，白6接是正应。白6若走11位扳，黑走8位打，白不行。黑7先手交换后，黑9扳很大。定型至白26，黑棋17目，白棋13目，黑棋盘面4目。

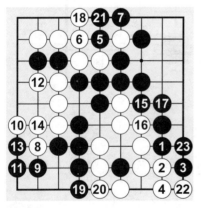

变化图

变化图

白4弯时，黑5、7不好，白8扳很大。黑11若走18位扳，白走11位扳，目数相同。定型至黑23，黑棋18目，白棋16目，黑棋盘面2目。

第 050 局

黑先：盘面4目　　　　难度：★ ★ ★ ☆ ☆ ☆

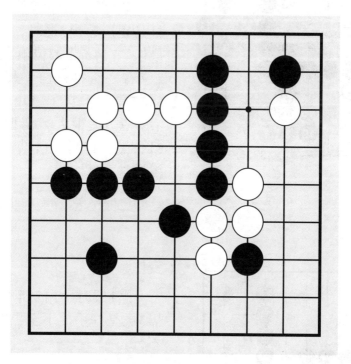

解题思路：右下角可以施展手段，第一步是关键。

第050局 讲解

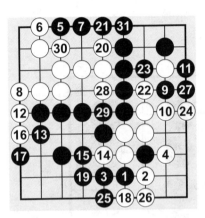

正解图

正解图

黑1扳是官子手筋，白2打是正应，黑3退时，白4提最佳。白4若走23位顶，黑走2位右一路打，白不行。黑5、7是先手官子，白8立做活，黑9夹很大。定型至黑31，黑棋17目，白棋13目，黑棋盘面4目。

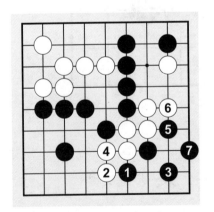

变化图

变化图

黑1扳时，白2挡不好，黑3虎是好手。下至黑7，白不行。

第 051 局

黑先：盘面5目　　　　　难度：★ ★ ★ ☆ ☆ ☆

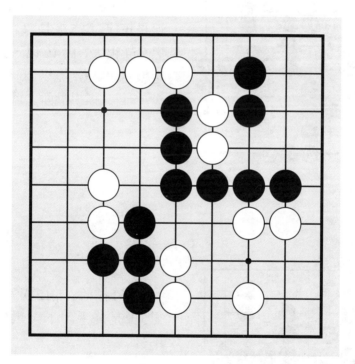

解题思路：左上角可以施展手段，黑棋应该如何收官呢？

第051局 讲解

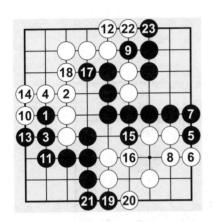

正解图

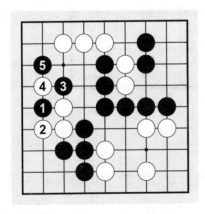

变化图

正解图

　　黑1托是官子妙手，白2退是正应。黑5扳是双先4目。黑9断很大，白10以下必然。定型至黑23，黑棋20目，白棋15目，黑棋盘面5目。

变化图

　　黑1托时，白2拐不好，黑3扳是好手。下至黑5，白不行。

第 052 局

黑先：盘面7目　　　　　难度：★★★☆☆☆

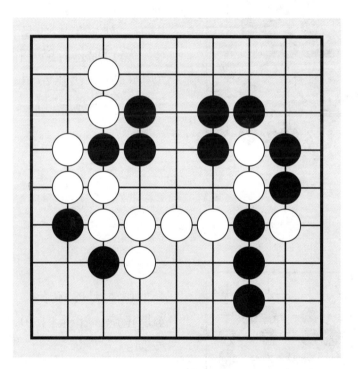

解题思路：左上角和左下角的官子是本局的焦点，黑棋应该如何收官呢？

第052局 讲解

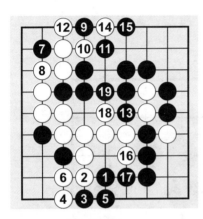

正解图 ⑳ = ❾

正解图

　　黑1跳是先手6目，白2以下必然。黑7、9是官子妙手。黑13提是后手4目半。定型至白20，黑棋27目，白棋20目，黑棋盘面7目。

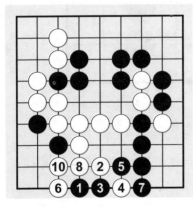

变化图 ❾ = ④

变化图

　　黑1大飞不好，白2、4是正应。下至白10，黑棋亏损。

第 053 局

黑先：盘面6目　　　　　难度：★ ★ ★ ☆ ☆ ☆

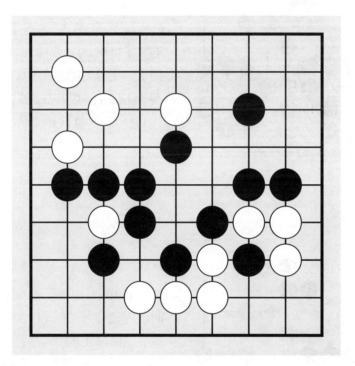

解题思路：黑棋在左上角可以施展手段，如何兼顾左下角和右下角的官子，也是需要考虑的问题。

第 053 局 讲解

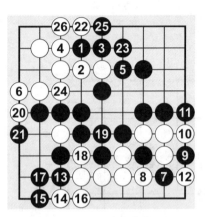

正解图

黑1、3是官子好手，白6立做活。黑7、9是官子手筋，白10、12必然，黑13挡很大，白14扳是先手3目。定型至白26，黑棋22目，白棋16目，黑棋盘面6目。

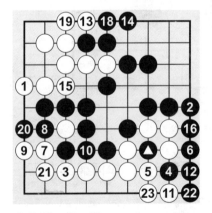

变化图　⑰ = ▲

变化图

正解图白6于本图白1立时，黑2立不好，白3爬是正应，黑4以下必然。定型至白23，黑棋18目，白棋13目，黑棋盘面5目。

第 054 局

黑先：盘面8目　　　　　　难度：★ ★ ★ ☆ ☆ ☆

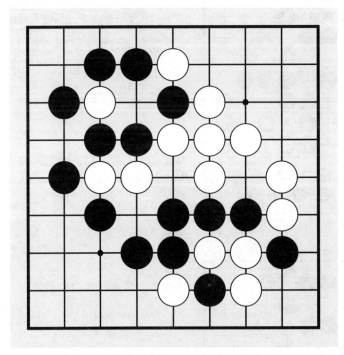

解题思路：右下角和右上角可以施展手段，黑棋应该如何收官呢？

第054局 讲解

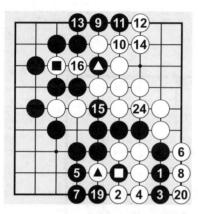

正解图 **17** **22** = ▲ **18** = **16** **21** = ■
23 = □ **25** = ▲

正解图

黑1、3是官子好手，白4以下必然。黑9打是官子手筋。黑15打是后手6目。定型至黑25，黑棋27目，白棋19目，黑棋盘面8目。

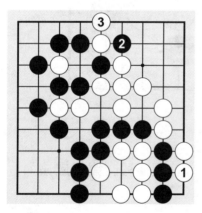

变化图

变化图

正解图白8于本图白1打时，黑2打不好，白3立是正应，黑棋亏损。

第 055 局

黑先：盘面5目   难度：★ ★ ★ ☆ ☆ ☆

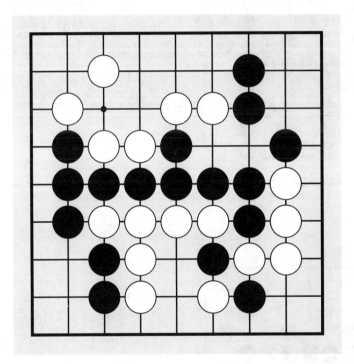

解题思路：左上角和右下角可以施展手段，应该先从右下角收官，第一步是关键。

第055局 讲解

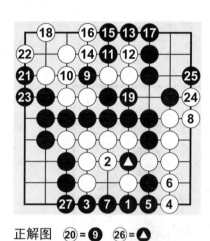

正解图 ⑳＝❾ ㉖＝▲

正解图

黑1、3是官子好手，白4跳是正应。黑9、11最佳，白12以下必然。定型至黑27，黑棋14目，白棋9目，黑棋盘面5目。

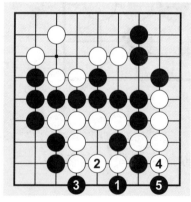

变化图

变化图

黑1打时，白2接不好，黑3扳，白4打，黑5扳形成打劫，白不行。

第 056 局

黑先：盘面7目   难度：★ ★ ★ ☆ ☆ ☆

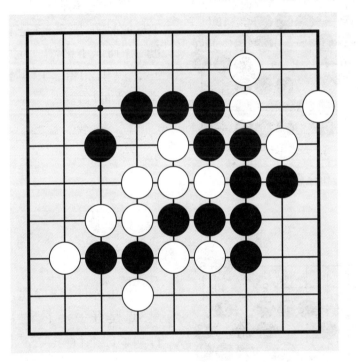

解题思路： 左下角和右上角可以施展手段，黑棋应该如何收官呢？

第 056 局 讲解

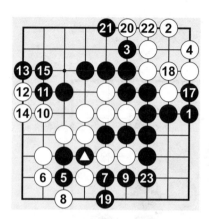

正解图　⑯ = ▲

正解图

黑1立是官子好手，白2尖最佳。黑5、7是官子手筋，白8以下必然。定型至黑23，黑棋20目，白棋13目，黑棋盘面7目。

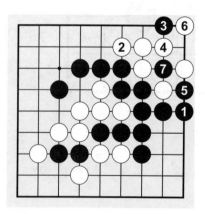

变化图1

变化图1

黑1立时，白2拐不好，黑3点是好手。下至黑7形成打劫，白不行。

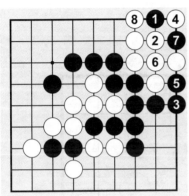

变化图2

变化图2

　　黑1点不好，白2挡，黑3立时，白4扑是好手。下至白8，黑棋亏损。

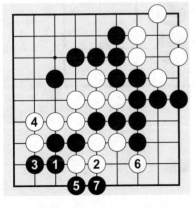

变化图3

变化图3

　　正解图黑5于本图黑1拐时，白2接不好，黑3拐，白4接时，黑5扳是好手。下至黑7，白不行。

第 057 局

黑先：盘面7目　　　　　　难度：★★★☆☆☆

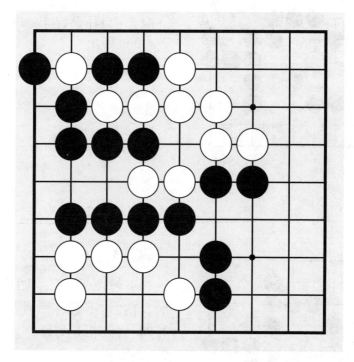

解题思路： 大官子有很多，如果能找到双先官子，问题不难解决。

第057局 讲解

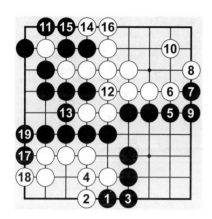

正解图

正解图

黑1扳是双先3目，白4接是正应。黑5立是官子好手，白6挡，黑7扳是双先4目。黑11提是后手10目，白12接是后手6目。定型至黑19，黑棋20目，白棋13目，黑棋盘面7目。

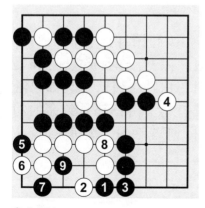

变化图1

变化图1

黑3接时，白4扳不好，黑5、7是好手。下至黑9，白不行。

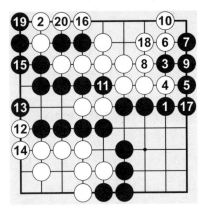

变化图2

变化图2

正解图黑 5 于本图黑 1 立时，白 2 立，黑 3 以下必然。白 8 打时，黑 9 接最佳。定型至白 20，黑棋 20 目，白棋 13 目，黑棋盘面 7 目。

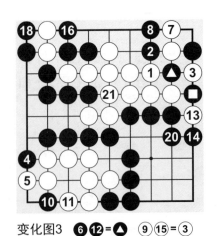

变化图3　⑥⑫=▲　⑨⑮=③
⑰=⑬　⑲=□

变化图3

变化图2白8于本图白1打时，黑2开劫不成立。黑6提时，白7立最佳，黑8如果继续打劫。白13扑是致命的劫材。下至白21，黑棋大损。

第058局

黑先：盘面2目　　　　　难度：★★★☆☆☆

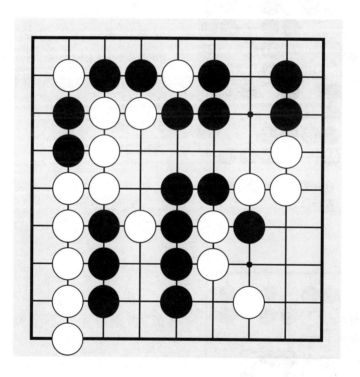

解题思路： 左上角可以施展手段，但直接走效果不佳，应该先在右下角想想办法。

第058局 讲解

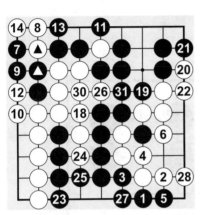

正解图 ⑮=▲ ⑯=❾ ⑰=❼
㉙=Ⓐ

正解图

黑1托是官子妙手，白2退是正应。黑7、9是官子手筋，白10以下必然。白18接是后手4目；黑19挤是后手2目半。定型至黑31，黑棋16目，白棋14目，黑棋盘面2目。

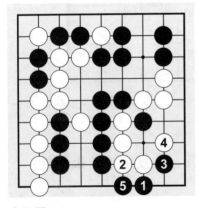

变化图1

变化图1

黑1托时，白2团不好，黑3扳是好手。下至黑5，白不行。

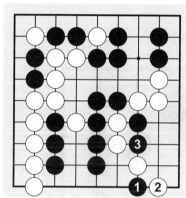

变化图2

变化图2

黑1托时，白2打不好，黑3打是好手，白不行。

变化图3

变化图3

黑1靠虽是手筋，但在本局不好，白2团是正应。下至白14，黑棋亏损。

变化图3　⑩ = ▲

第 059 局

黑先：盘面16目　　　　难度 ★ ★ ★ ☆ ☆

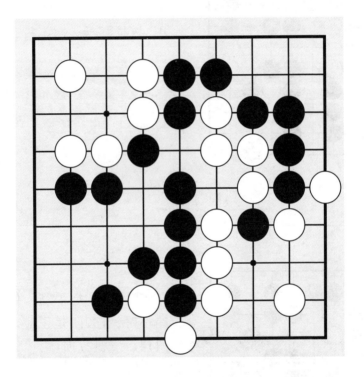

解题思路：左上角和右下角可以施展手段，黑棋应该如何收官呢？

第 059 局 讲解

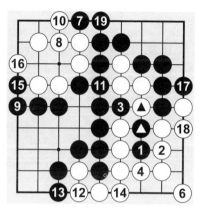

正解图 ⑤=▲ ⑳=① ㉑=▲

正解图

黑 1 长是官子好手，白 2 以下必然。黑 7 扳是官子好手，白 8 接，黑 9 立是官子妙手，白 10 打是正应，黑 11 提是后手 8 目，白 12 接约为后手 5 目。定型至黑 21，黑棋 27 目，白棋 11 目，黑棋盘面 16 目。

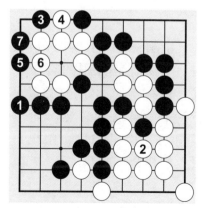

变化图1

变化图1

正解图黑9于本图黑1立时，白2提不好，黑3托是妙手。下至黑7，白不行。

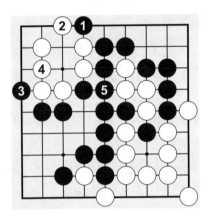

变化图2

变化图2

正解图黑7于本图黑1扳时，白2打，黑3扳是好手。下至黑5，与正解图目数相同。

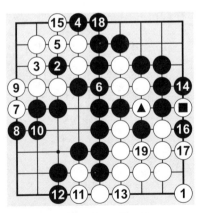

变化图3　⑳ = ▲　㉑ = ■

变化图3

正解图白6于本图白1尖时，黑2断是常用的官子手筋，但在本局不好，白3接是正应，黑4以下必然。定型至白21，黑棋25目，白棋11目，黑棋盘面14目。

第060局

黑先：盘面6目　　　难度：★★★☆☆☆

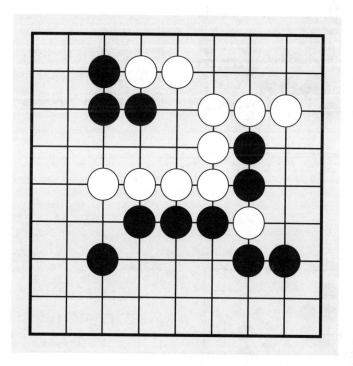

解题思路：左上角可以施展手段，第一步是关键。

第060局 讲解

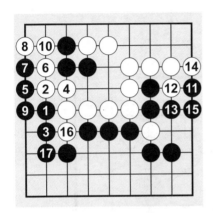

正解图

正解图

黑1托是官子好手，白2扮是正应。黑5扮时，白6拐最佳，黑7以下必然。定型至黑17，黑棋28目，白棋22目，黑棋盘面6目。

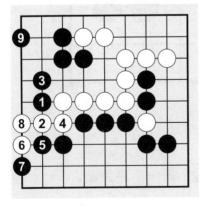

变化图1

变化图1

黑1托时，白2扮不好，黑3退，白4接时，黑5夹是好次序。下至黑9，白不行。

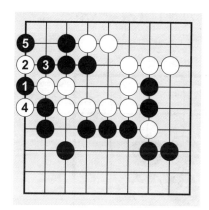

变化图2

变化图2

正解图黑5于本图黑1扳时，白2打不好，黑3打是好手。下至黑5，白不行。

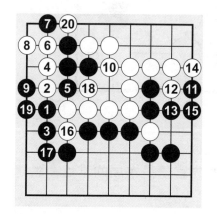

变化图3

变化图3

黑3退时，白4爬，黑5断，白6夹时，黑7扳是场合好手。黑7若走8位夹，白走20位扳，黑左右两处官子无法兼顾。定型至白20，黑棋28目，白棋22目，黑棋盘面6目。

135

第061局

黑先：盘面9目　　　难度：★★★☆☆

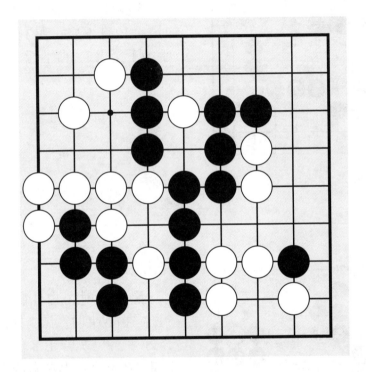

第 061 局 讲解

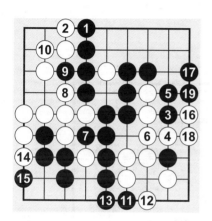

正解图

正解图

黑1立是双先2目，白2挡是正应，黑3夹是官子好手，白4打最佳。白4若走5位拐，黑走6位挖，白不行。黑7断是后手4目，白8以下必然。定型至黑19，黑棋22目，白棋13目，黑棋盘面9目。

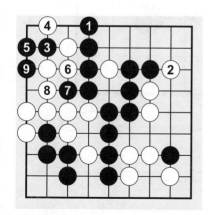

变化图

变化图

黑1立时，白2扳不好，黑3挤是好手。下至黑9，白不行。白6若走9位打，黑走6位打，白依然不行。

第 062 局

黑先：盘面 8 目 　　　　　　　难度：★★★☆☆

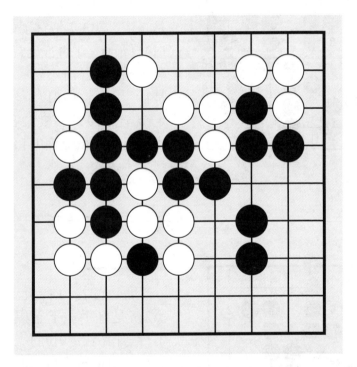

解题思路： 左下角可以施展手段，左上角的官子也不容忽视，细节决定成败。

第 062 局 讲解

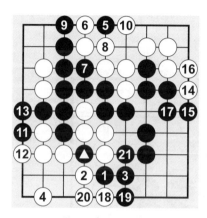

正解图 ㉒＝▲

正解图

黑1扳是官子好手，白2提是正应。白2若走3位扳，黑走2位接，白不行。黑5点是官子手筋，白6以下必然。白14扳是先手3目。定型至白22，黑棋21目，白棋13目，黑棋盘面8目。

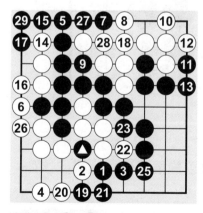

变化图 ㉔＝▲

变化图

白4跳时，黑5立不好，白6渡过是正应，黑7以下必然。定型至黑29，黑棋13目，白棋8目，黑棋盘面5目。

第063局

黑先：盘面11目　　　　　　　难度★★★☆☆

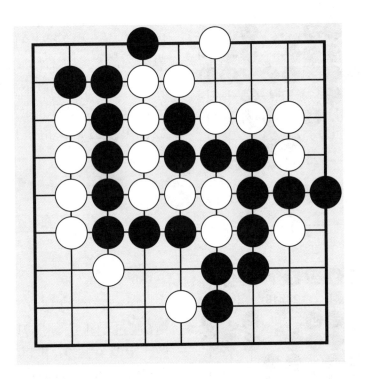

> **解题思路：** 左下角和右上角可以施展手段，黑棋应该如何收官呢？

第 063 局 讲解

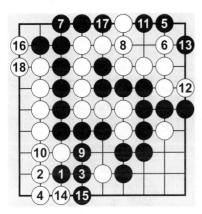

正解图

黑1夹是官子手筋，白2虎是正应。黑5、7是官子好手，白8接最佳。白8若走11位打，黑走8位扑，白不行。定型至白18，黑棋17目，白棋6目，黑棋盘面11目。

变化图

黑1夹时，白2顶不好，黑3打是好手。下至黑5，白不行。

变化图

第064局

黑先：盘面1目　　　　　　　难度：★★★☆☆

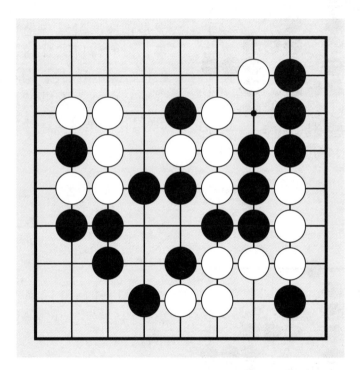

解题思路： 上边和右下角可以施展手段，请不要忽视白棋的最强应手。

第064局 讲解

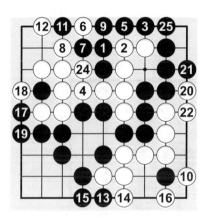

正解图 ㉓=⑥

正解图

黑1、3是官子手筋，白4接，黑5爬时，白6飞是官子妙手，黑7、9最佳，白10扳很大。白6若走10位扳，黑走12位大飞，白不行。定型至黑25，黑棋14目，白棋13目，黑棋盘面1目。

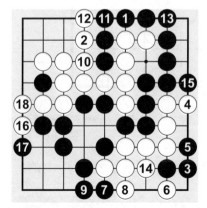

变化图

变化图

正解图黑5于本图黑1爬时，白2尖不好，黑3立是好手，白4、6是正应，黑7扳角里形成双活，白8以下必然。定型至白18，黑棋13目，白棋11目，黑棋盘面2目。

143

第065局

黑先：盘面4目　　　　难度：★★★★☆☆

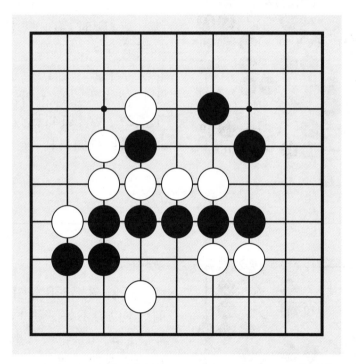

解题思路：双先官子之间也有重点，如果能找到其中的规律，不难发现正解之路。

144

第 065 局 讲解

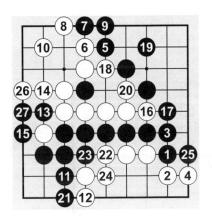

正解图

正解图

　　黑1扳是双先官子中的重点，白4立做活。黑5尖是双先6目。黑11挡是先手官子。黑13打是后手6目。白18挤时，黑19虎最佳。定型至黑27，黑棋21目，白棋17目，黑棋盘面4目。

变化图

变化图

　　黑1尖次序有误，白2扳是正应，黑3、5必然，白回到6位挡，黑棋大损。

第 066 局

黑先：盘面10目　　　　难度★★★☆☆

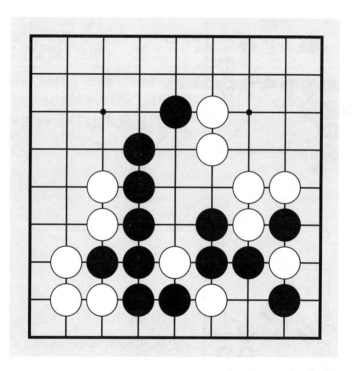

解题思路：左上角如此空旷，显然是价值最大之处，第一步是关键。

第066局 讲解

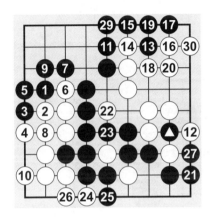

正解图　㉘＝▲

正解图

黑1、3是官子好手，白4以下必然。黑11立是官子好手，白12提是正应。白16夹时，黑17扳最佳。黑17若走18位长，白走20位贴，黑走21位立，白走17位立，黑棋亏损1目。定型至白30，黑棋19目，白棋9目，黑棋盘面10目。

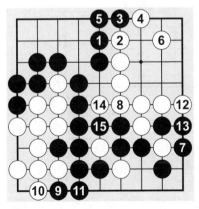

变化图

变化图

正解图黑11于本图黑1立时，白2挡不好，黑3以下必然。定型至黑15，黑棋23目，白棋12目，黑棋盘面11目。

第 067 局

黑先：盘面3目　　　　　　难度：★ ★ ★ ☆ ☆

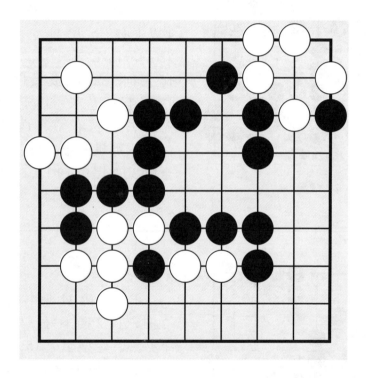

解题思路：右上角和右下角的官子是本局的难点，如何联系起来高效的收官呢？

第 067 局 讲解

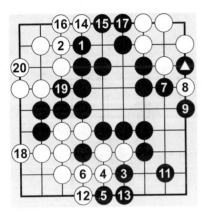

正解图 ⑩ = ▲

正解图

　　黑1立是先手官子，白2团做活。黑3以下先手交换后，黑11虎是一子两用的好手，白12以下必然。定型至白20，黑棋17目，白棋14目，黑棋盘面3目。

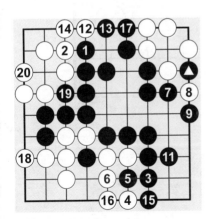

变化图 ⑩ = ▲

变化图

　　黑3立是常见的下法，但在本局不好，白4跳是正应。白10接时，黑11弯最佳。定型至白20，黑棋15目，白棋16目，白棋盘面1目。

第068局

黑先：盘面4目　　　　难度：★★★☆☆

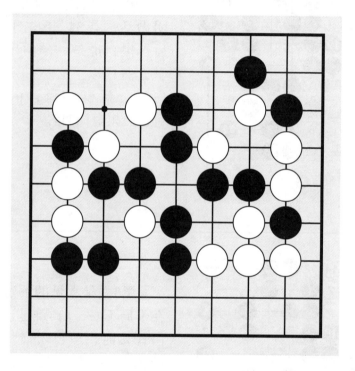

解题思路： 左上角可以施展手段，第一步是关键。

第068局 讲解

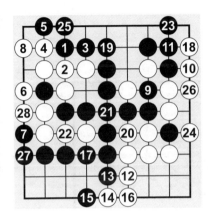

正解图

正解图

黑1点是官子妙手，白2接是正应。黑3以下是先手官子。黑9打很大，白10打是双先官子。白12立是先手官子。白18爬是后手4目。定型至白28，黑棋17目，白棋13目，黑棋盘面4目。

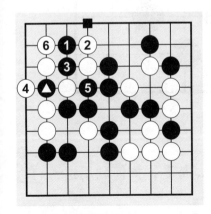

变化图　❼ = ▲

变化图

黑1点时，白2挡不好，黑3打是好手。下至黑7形成打劫，白不行。白4若走5位接，黑走■位打，白棋净死。

第069局

黑先：盘面6目   难度：★★★☆☆

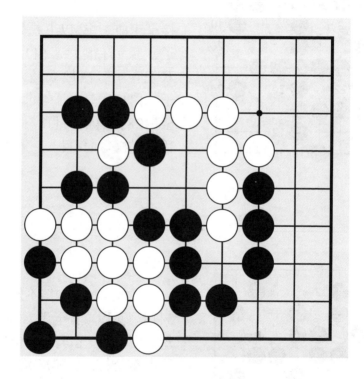

解题思路：左下角是黑棋的"劫库"，如何利用这一有利条件最大限度的收官呢？

第 069 局 讲解

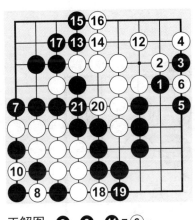

正解图　**9** = **3**　**11** = ⑥

正解图

　　黑1、3是劫材有利的官子好手，白4打时，黑5做劫最佳。黑9提劫时，白10提无奈，黑11以下必然。定型至黑21，黑棋21目，白棋15目，黑棋盘面6目。

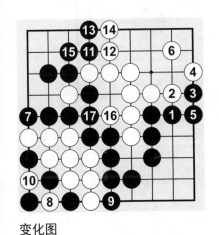

变化图

变化图

　　黑1立是常见的下法，但在本局不好。白2以下必然。定型至黑17，黑棋21目，白棋17目，黑棋盘面4目。

第 070 局

黑先：盘面12目　　　　　　难度 ★ ★ ★ ☆ ☆

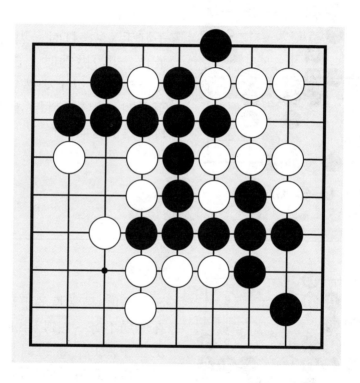

解题思路：左下角白棋棋形不佳，右上角有不易察觉的官子好手，第一步是关键。

第 070 局 讲解

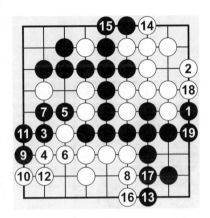

正解图

正解图

黑1扳是官子好手，白2做眼是正应，黑3夹是官子手筋，白4以下必然。定型至黑19，黑棋23目，白棋11目，黑棋盘面12目。

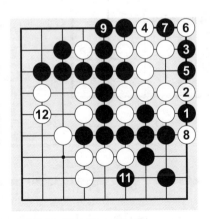

变化图　⑩=⑥　❸=❼

变化图

黑1扳时，白2挡不好，黑3顶是妙手，白4打，黑5以下必然。下至黑13，白劫材不利，白不行。白4若走5位打，黑走7位扳，白依然不行。

155

第 071 局

黑先：盘面7目   难度：★★★☆☆

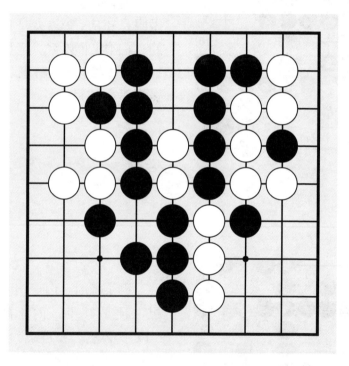

解题思路： 左下角和右下角可以施展手段，黑棋应该如何收官呢？

第071局 讲解

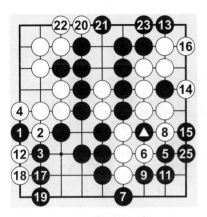

正解图　⑩ = ⚫　㉔ = ①

正解图

黑1跳是官子好手，白2、4是正应。黑1若走2位挡，白走1位扳，黑棋亏损。黑5尖是官子妙手，白6以下必然。定型至黑25，黑棋18目，白棋11目，黑棋盘面7目。

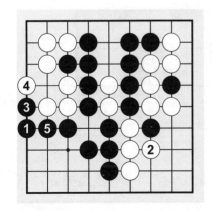

变化图

变化图

黑1跳时，白2打不好，黑3爬是好手。下至黑5，白不行。

第072局

黑先：盘面3目　　　　　难度：★★★☆☆

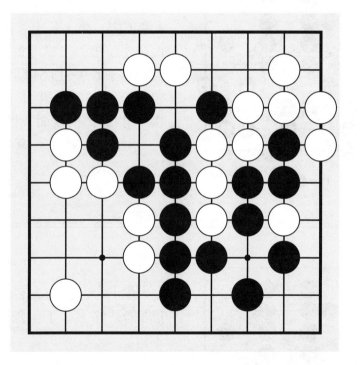

解题思路：左下角的官子是本局的难点，第一步是关键。

第 072 局 讲解

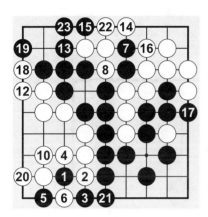

正解图 ⑨=❶ ⑪=⑥

正解图

黑1靠是官子手筋。白4打时，黑5扳是劫材有利的官子好手。黑9提时，白10只好退让，黑11以下必然。定型至黑23，黑棋16目，白棋13目，黑棋盘面3目。

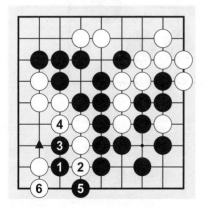

变化图

变化图

白2冲时，黑3冲不好，白4接，黑5扳时，白6立是好手，黑棋亏损。白6若走▲位打，黑走6位扳，白棋亏损。黑5若走6位扳，白走5位立，黑不行。

第 073 局

黑先：盘面3目   难度：★ ★ ★ ☆ ☆

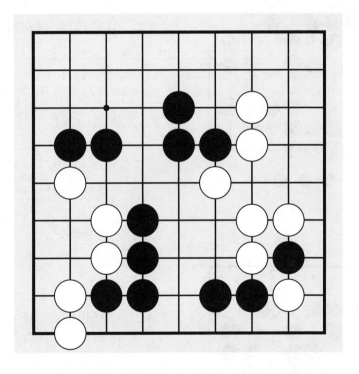

解题思路：左下角可以施展手段，第一步是关键。

第073局 讲解

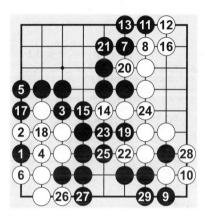

正解图

正解图

黑1点是官子妙手，白2尖是正应，黑3、5是先手官子，白6做活，黑7尖是先手官子。黑9、11均是先手4目。定型至黑29，黑棋17目，白棋14目，黑棋盘面3目。

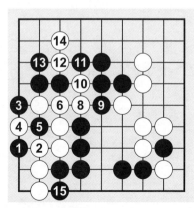

变化图1 ❼=④

变化图1

黑1点时，白2接不好。黑3扳，白4扑，黑5提时，白6接不是劫材。下至黑15，白不行。

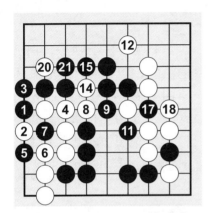

变化图2 ⑩⑯㉒=② ⓭⓳=❼

变化图2

　　黑1扳不好，白2打，黑3接时，白4团是好手，黑5打不成立，白6以下必然。黑11打时，白12尖最佳，下至白22，黑棋劫材不利，黑棋亏损。

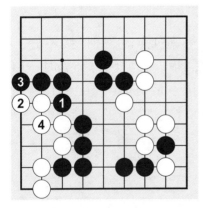

变化图3

变化图3

　　黑1挤不好，白2立是正应。下至白4，黑棋比正解图亏损2目。

第 074 局

黑先：盘面5目   难度：★ ★ ★ ★ ☆ ☆

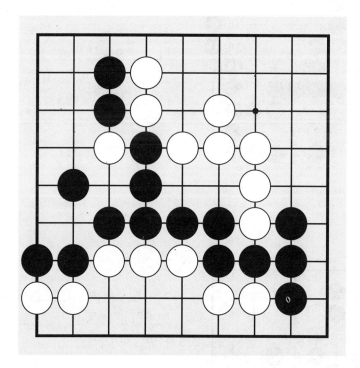

解题思路：下边可以施展手段，黑棋应该如何收官呢？

第074局 讲解

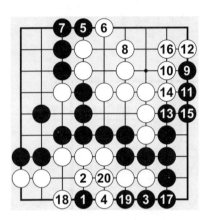

正解图

正解图

黑1点是官子妙手，白2顶是正应。黑5扳是双先7目。黑9大飞是先手7目。定型至白20，黑棋18目，白棋13目，黑棋盘面5目。

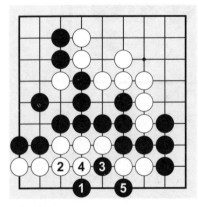

变化图1

变化图1

黑1点时，白2接不好，黑3断是好手。下至黑5形成打劫，白不行。

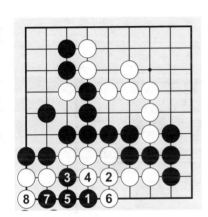

变化图2 **9** = **5**

变化图2

黑1点时，白2接不好，黑3、5是好手。下至黑9，白棋净死。

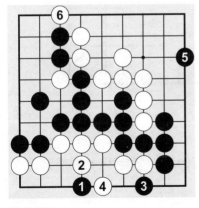

变化图3

变化图3

白4打时，黑5大飞次序有误，白6扳是正应，黑棋大损。

第075局

黑先：盘面8目　　　　难度：★★★☆☆

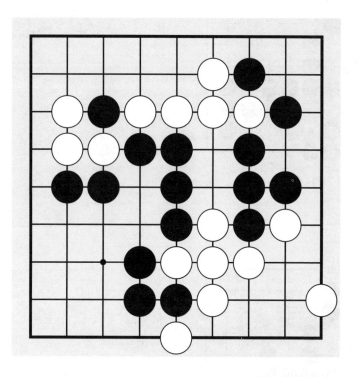

解题思路：右下角白棋虽然可以做活，但免不了被搜刮，如果还能找到隐蔽的双先官子，本局将迎刃而解。

第075局 讲解

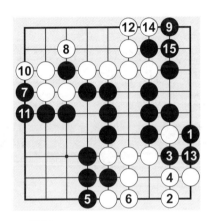

正解图

正解图

黑1打是官子好手，白2尖做活，黑3、5是先手官子。黑7扳是官子好手，白8提，黑9虎很大。定型至黑15，黑棋22目，白棋14目，黑棋盘面8目。

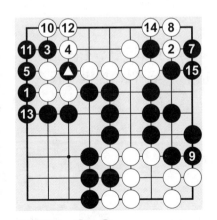

变化图1 ⑥ = ▲

变化图1

正解图黑7于本图黑1扳时，白2打，黑3打是官子好手，白4以下必然。定型至黑15，黑棋19目，白棋11目，黑棋盘面8目。

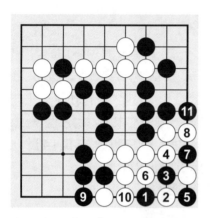

变化图2　⑫＝②

变化图2

黑1点不好，白2尖是正应，黑3以下不成立。下至白12，形成连环劫，黑不行。

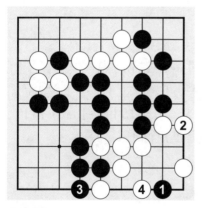

变化图3

变化图3

黑1点不好，白2立是正应。下至白4，黑棋亏损。

第076局

黑先：盘面7目   难度：★★★☆☆

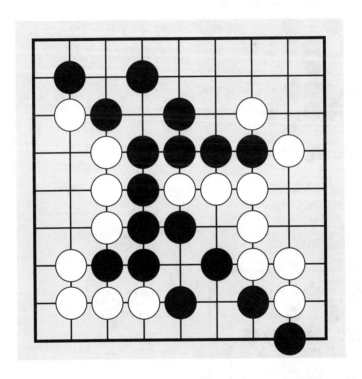

解题思路：左上角和右上角可以施展手段，黑棋应该如何收官呢？

第 076 局 讲解

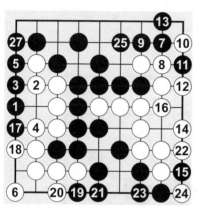

正解图　⑳=❶ ㉘=⓫

正解图

黑1点是官子手筋，白2接是正应，黑3爬是好手。白6尖做活，黑7点是官子好手。白10扳时，黑11扑最佳，白12以下必然。定型至白28，黑棋13目，白棋6目，黑棋盘面7目。

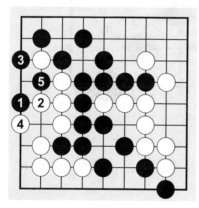

变化图1

变化图1

黑1点时，白2顶不好，黑3打是好手。下至黑5形成打劫，白不行。

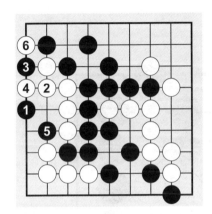

变化图2

变化图2

白2接时，黑3扳不好，白4冲是正应。下至白6，黑不行。

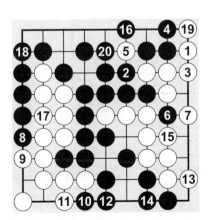

变化图3

变化图3

正解图白10于本图白1扳时，黑2团不好，白3接是正应，黑4以下必然。定型至黑20，黑棋13目，白棋7目，黑棋盘面6目。

第077局

黑先：盘面3目　　　　　难度：★★★☆☆

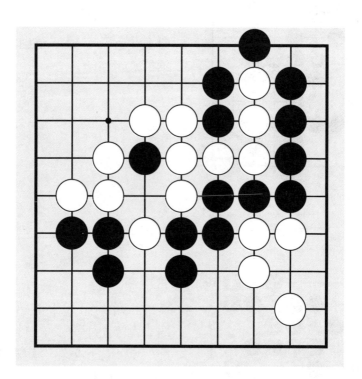

解题思路：右下角的官子显而易见，左上角的官子是本局的难点，双方的攻防精彩纷呈！

第077局 讲解

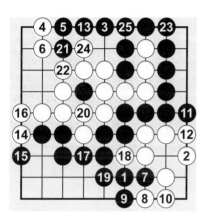

正解图

黑1尖是先手官子，白2做活，黑3尖是劫材有利的官子好手，白4飞绝妙，黑5靠时，白6退最佳，黑7以下必然。定型至黑25，黑棋14目，白棋11目，黑棋盘面3目。

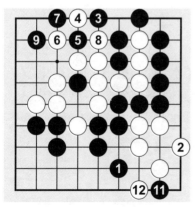

变化图1 ⑩ = ④ ⑬ = ❺

变化图1

黑3尖时，白4靠不好，黑5打严厉。下至黑13，白棋劫材不利，白不行。

173

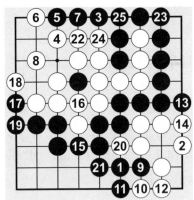

变化图2

变化图2

黑3尖时，白4尖是常见的下法，但在本局不好，黑5托是好手，白6以下必然。定型至黑25，黑棋15目，白棋11目，黑棋盘面4目。

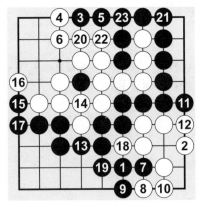

变化图3

变化图3

黑3飞也是官子手筋，但在本局不好，白4靠是正应，黑5以下必然。定型至黑23，黑棋15目，白棋13目，黑棋盘面2目。

第078局

黑先：盘面13目　　　　难度★★★☆☆

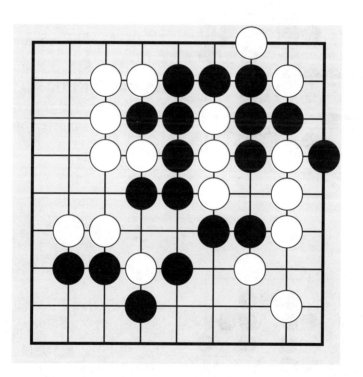

解题思路：右下角的官子显而易见，左上角和右上角的官子似乎不难解决，注意细节的处理，本局将迎刃而解。

第078局 讲解

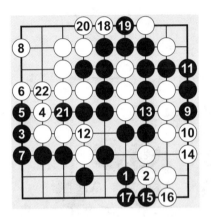

正解图

黑1尖是先手官子，白2团做活，黑3、5是官子好手。白8跳是正应，黑9爬最佳。黑9若走13位提，白走9位打，黑棋亏损2目。定型至白22，黑棋22目，白棋9目，黑棋盘面13目。

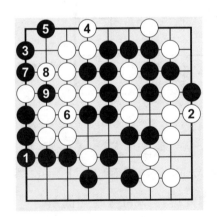

变化图1

变化图1

正解图黑7于本图黑1接时，白2打不好，黑3点是好手，白4立，黑5尖最佳，下至黑9形成对白棋不利的"缓一气劫"，白不行。

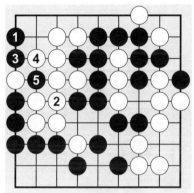

变化图2

变化图2

黑1点时，白2团，黑3打最佳。下至黑5，与变化图1大同小异。

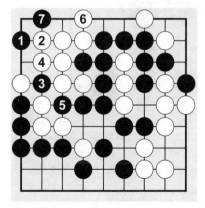

变化图3

变化图3

黑1点时，白2顶不好，黑3扑是好手。下至黑7，形成"盘角曲四"，白不行。

第 079 局

黑先：盘面12目　　　　　　　难度★★★☆☆

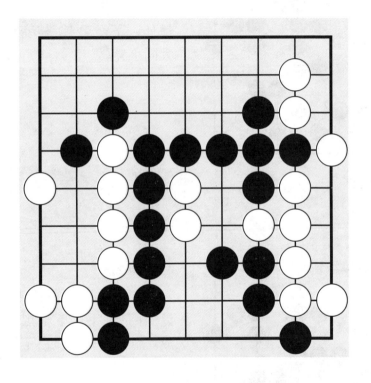

解题思路： 本局有三处大官子，左下角和右上角可以施展手段，如果处理得当，可以全部纳为己有。

第 079 局 讲解

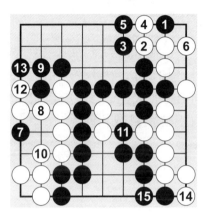

正解图

正解图

黑1托是官子妙手。白6立是正应，黑7靠是官子手筋。黑11冲是后手7目。定型至黑15，黑棋24目，白棋12目，黑棋盘面12目。

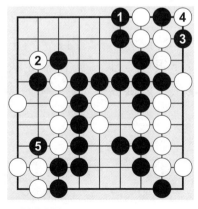

变化图1

变化图1

正解图黑5于本图黑1挡时，白2断不好，黑3开劫严厉。下至黑5，白不行。

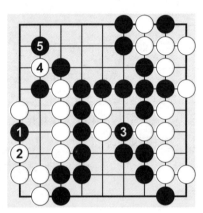

变化图2

变化图2

正解图黑7于本图黑1靠时，白2打，黑3冲是正应，白4断不成立，黑5可以打，与正解图目数相同。

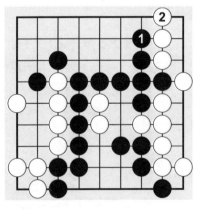

变化图3

变化图3

黑1挡不好，白2立是正应，黑棋上下两处官子无法兼顾，黑棋亏损。

第080局

黑先：盘面5目　　　难度：★★★★☆☆

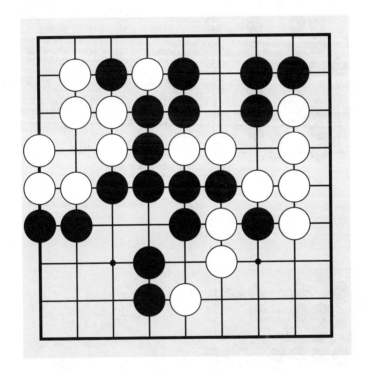

第080局 讲解

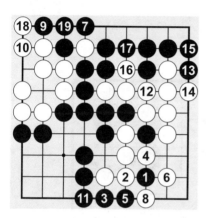

正解图

正解图

黑1点是官子手筋，白2团是正应，黑3扳时，白4提最佳。黑7提是后手8目，白8与黑9均是先手3目。白12接是后手6目，黑13扳是后手3目强。定型至黑19，黑棋18目，白棋13目，黑棋盘面5目。

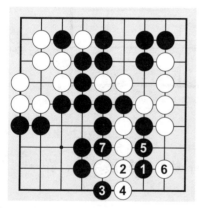

变化图1

变化图1

黑3扳时，白4挡不成立。下至黑7，白不行。

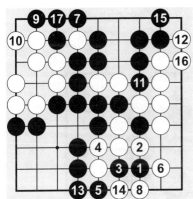

变化图2

变化图2

黑1点时，白2提不好，黑3挤时，白4接，黑5以下必然。定型至黑17，黑棋22目，白棋16目，黑棋盘面6目。

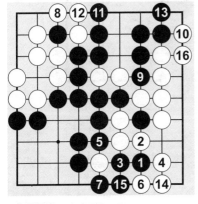

变化图3

变化图3

黑3挤时，白4虎，黑5以下必然。定型至白16，黑棋22目，白棋16目。黑棋盘面6目。

第081局

黑先：盘面11目　　　　　难度★★★☆☆

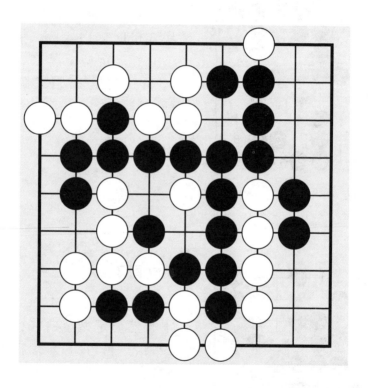

解题思路：左上角和右下角可以施展手段，黑棋应该如何收官呢？

第 081 局 讲解

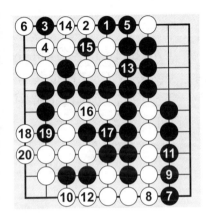

正解图

正解图

黑 1、3 是官子好手。白 6 做活，黑 7 点是官子妙手，白 8 接是正应。黑 13 打是后手 6 目。定型至白 20，黑棋 21 目，白棋 10 目，黑棋盘面 11 目。

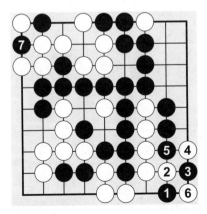

变化图1

变化图1

正解图黑7于本图黑1点时，白2挡不好，黑3扳形成打劫。下至黑7，白不行。

185

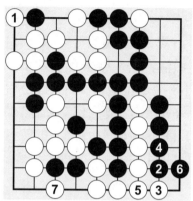

变化图2

变化图2

正解图白6于本图白1扑时，黑2夹不好，白3扳是好手。下至白7，黑棋比正解图亏损2目。

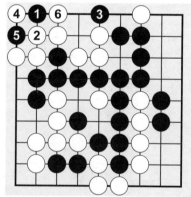

变化图3

变化图3

黑1点次序有误，白2接，黑3扳时，白4扑是好手。下至白6，黑棋亏损。

第 082 局

黑先：盘面5目　　　　　难度：★ ★ ★ ☆ ☆

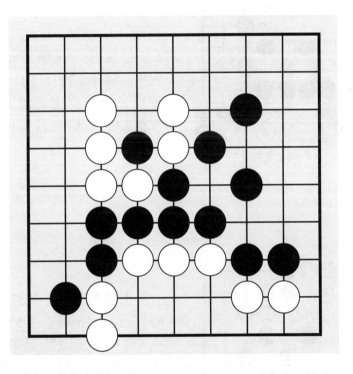

解题思路： 下边的官子是本局的难点，第一步是关键。

第 082 局 讲解

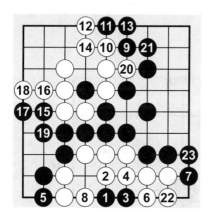

正解图

正解图

正解图

黑1点是官子手筋，白2顶是正应。黑1若走7位扳，白走2位弯，黑棋亏损。黑9尖是官子好手，白10挡是正应，黑11以下必然。定型至黑23，黑棋21目，白棋16目，黑棋盘面5目。

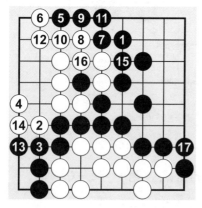

变化图1

变化图1

变化图1

正解图黑9于本图黑1尖时，白2、4不好，黑5大飞，白6靠时，黑7爬是官子好手，白8以下必然。定型至黑17，黑棋20目，白棋14目，黑棋盘面6目。

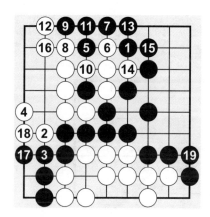

变化图2

变化图2

白4虎时，黑5跳不好，白6以下必然。定型至黑19，黑棋18目，白棋14目，黑棋盘面4目。

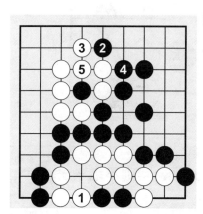

变化图3

变化图3

正解图白8于本图白1提时，黑2顶虽然是官子手筋，但在本局不好。下至白5，黑棋两处官子无法兼顾，黑棋亏损。

第 083 局

黑先：盘面8目   难度：★★★★☆☆

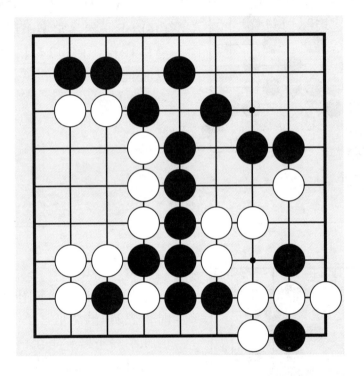

解题思路：左边白棋看似地域辽阔，实则不堪一击，第一步是关键。

第083局 讲解

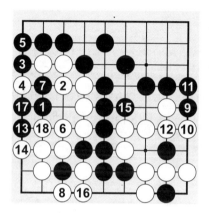

正解图　⑲ = ④

正解图

　　黑1点是官子妙手，白2接是正应，黑3扳时，白4、6是正确的次序，黑7打最佳，白8做活，黑9扳是双先3目。定型至黑19，黑棋20目，白棋12目，黑棋盘面8目。

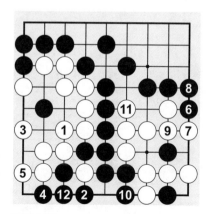

变化图1

变化图1

　　正解图白6于本图白1接时，黑2提不好，白3尖是好手，黑4以下必然。定型至黑12，黑棋21目，白棋14目，黑棋盘面7目。

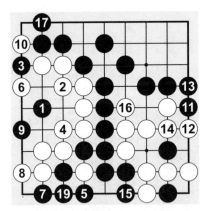

变化图2　⑱ = ❸

变化图2

　　黑3扳时，白4接次序有误，黑5提是正应，白6以下必然。定型至黑19，黑棋19目，白棋8目，黑棋盘面11目。

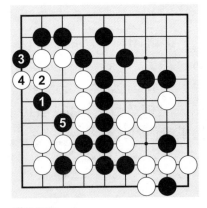

变化图3

变化图3

　　黑1点时，白2顶不好，黑3扳是好手，白4拐，黑5断，白棋大损。

第 084 局

黑先：盘面12目　　　　　难度 ★ ★ ★ ☆ ☆

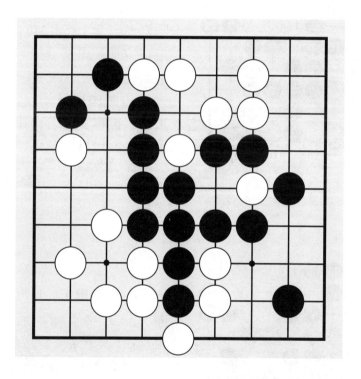

解题思路：双先官子一定不要错过，右下角的官子同样不容忽视，处理好官子的细节，就会交出完美的答卷。

第 084 局 讲解

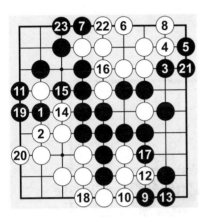

正解图

正解图

　　黑1夹是双先官子，白2团必然。黑1若走3位虎，白走15位顶，黑棋亏损。黑3以下是先手官子。黑9尖是官子好手，白10接最佳。定型至黑23，黑棋20目，白棋8目，黑棋盘面12目。

变化图1

变化图1

　　正解图黑9于本图黑1尖时，白2、4不好，黑5打很大，白6以下必然。定型至黑13，黑棋25目，白棋12目，黑棋盘面13目。

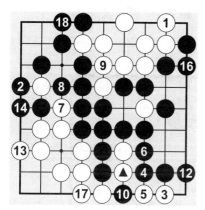

变化图2　⑪=▲　⑮=⑩

变化图2

正解图白8于本图白1做活时，黑2打次序有误，白3托是官子妙手，黑4顶是正应，白5以下必然。定型至黑18，黑棋20目，白棋9目，黑棋盘面11目。

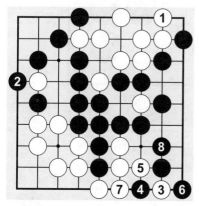

变化图3　⑨=③

变化图3

白3托时，黑4打不好，白5、7是正应。下至白9，黑棋不如变化图2。

第085局

黑先：盘面2目　　　　难度：★★★★☆☆

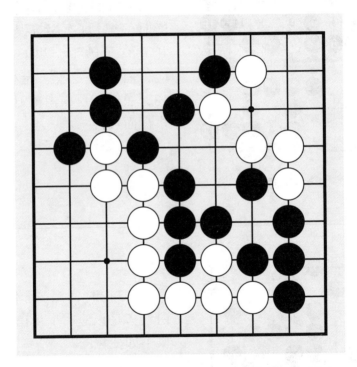

解题思路：右上角的官子不难处理，左下角的官子是本局的难点，黑棋应该如何收官呢？

第085局 讲解

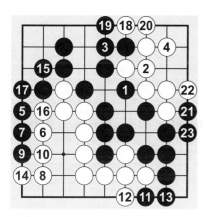

正解图

正解图

黑1、3是先手官子，白4弯做活，黑5尖是官子好手，白6尖，黑7爬，白8跳时，黑9长最佳，白10接，黑11以下必然。定型至黑23，黑棋15目，白棋13目，黑棋盘面2目。

变化图1

黑1、3是先手官子，白4弯做活，黑5尖是官子好手，白6尖，黑7爬，白8跳时，黑9长最佳，白10接，黑11以下必然。定型至黑23，黑棋15目，白棋13目，黑棋盘面2目。

变化图1

正解图黑9于本图黑1长时，白2扳，黑3冲最佳，白4以下必然。定型至黑17，黑棋13目，白棋11目，黑棋盘面2目。

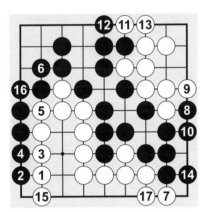

变化图2

变化图2

正解图白8于本图白1跳时，黑2托不好，白3以下必然。定型至白17，黑棋13目，白棋12目，黑棋盘面1目。

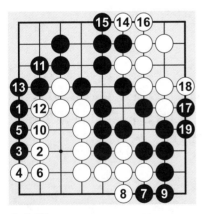

变化图3

变化图3

正解图黑5于本图黑1尖时，白2跳，黑3托是好手，白4以下必然。定型至黑19，还原正解图。

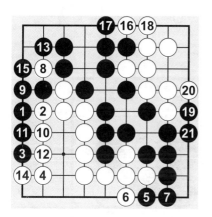

变化图4

变化图4

黑 1 尖时，白 2 挤，黑 3 跳是好手，白 4 跳时，黑 5 扳最佳。定型至黑 21，还原正解图。

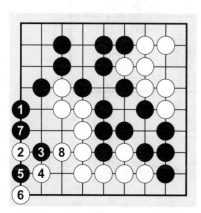

变化图5 **9** = **5**

变化图5

黑1尖时，白2跳不好，黑3、5是好手。下至黑9，白棋大损。

第086局

黑先：盘面2目　　　　　　难度：★★★☆☆

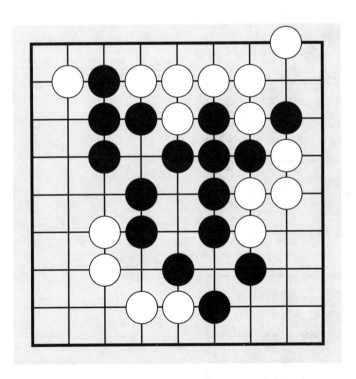

解题思路：先手官子显而易见，如何兼顾左上角和右下角的官子，是本局的难点所在。

第 086 局 讲解

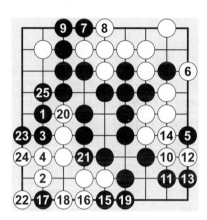

正解图

正解图

黑 1 尖是先手官子，白 2 虎是正应。黑 5 飞是官子手筋，白 6 打最佳，黑 7 以下必然。白 16 打时，黑 17 托是官子妙手。定型至黑 25，黑棋 17 目，白棋 15 目，黑棋盘面 2 目。

变化图1

变化图1

黑 5 飞时，白 6 渡过不好，黑 7 扳是好手，白不行。

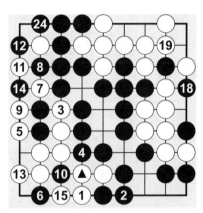

变化图2 ⓰=⓾ ⑰㉓=⑪
⑳㉕=⓮ ㉑=▲
㉒=⑮ ㉖=①

变化图2

正解图白16于本图白1打时，黑2接不好，白3挤，黑4挤时，白5扳最佳，黑6以下转换。黑10扑时，白11扳是强手，黑12扑是正应。黑12若走13位扳，白走24位打，黑不行。白23提时，黑24只好退让。定型至黑26，黑棋18目，白棋17目，黑棋盘面1目。

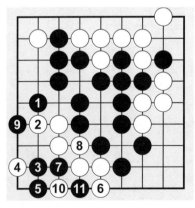

变化图3

变化图3

黑1尖时，白2挡不好，黑3点严厉，白4托是妙手，黑5立时，白6立最佳。下至黑11形成打劫，白不行。

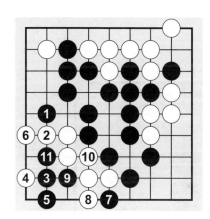

变化图4

变化图4

黑5立时，白6立不好，黑7、9是好手。下至黑11，白棋净死。

变化图5

变化图5

黑5扳次序有误，白6、8是正应，黑棋亏损。

第 087 局

黑先：盘面6目　　　　　难度 ★ ★ ★ ★ ☆

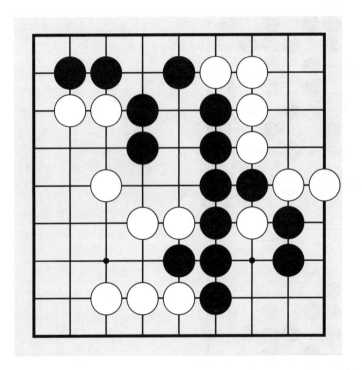

解题思路：左上角和右上角可以施展手段，应该先从右上角收官，细节决定成败。

第087局 讲解

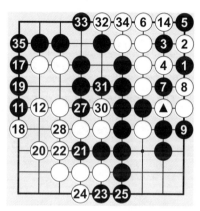

正解图 ⑩⑯=② ⑬㊱=❶
⑮=❼ ㉖=⑧ ㉙=(▲)

正解图

黑1点是官子好手，白2靠是正应。白6立时，黑7扑是妙手。白10提时，黑11点是官子手筋，本身也是劫材。黑11若走17位扳，白走11位跳，黑棋亏损。白12以下必然。定型至白36，黑棋19目，白棋13目，黑棋盘面6目。

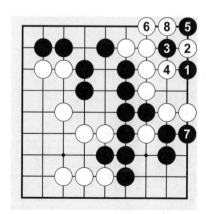

变化图1

变化图1

白6立时，黑7挡不好，白8做活，黑吃两子变成后手，黑棋亏损。

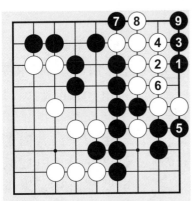

变化图2

变化图2

黑1点时，白2顶不好，黑3、5是好手。下至黑9，形成"盘角曲四"，白不行。

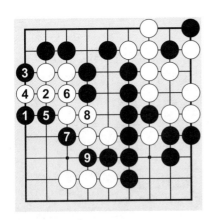

变化图3

变化图3

正解图黑11于本图黑1点时，白2弯，黑3扳是好手，白4冲不成立，黑5以下一气呵成。下至黑9，白不行。

第088局

黑先：盘面8目　　　　　难度：★★★★☆

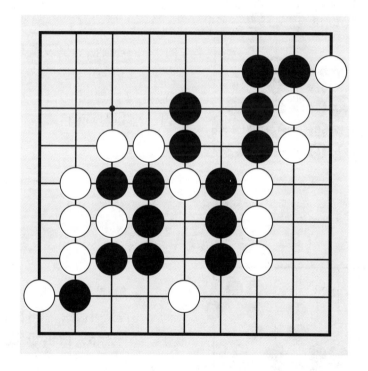

第 088 局 讲解

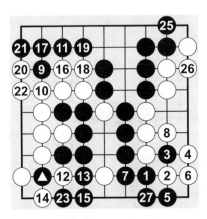

正解图 ㉔ = ⬤

正解图

黑1、3是官子手筋，白4打是正应，黑5、7是先手官子，白8做活，黑9点是官子好手，白10以下必然。定型至黑27，黑棋19目，白棋11目，黑棋盘面8目。

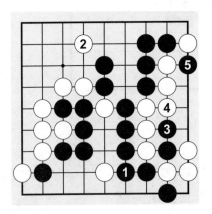

变化图1

变化图1

正解图黑7于本图黑1接时，白2跳不好，黑3长是好手。下至黑5，白棋净死。

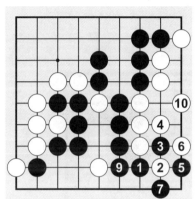

变化图2 ⑧ = ❸

变化图2

黑3断时，白4打不好，黑5打是官子好手，白6提最佳。下至白10，白棋亏损。

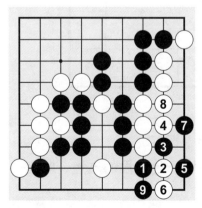

变化图3

变化图3

黑5打时，白6立不好，黑7打是好手。下至黑9形成打劫，白不行。

第089局

黑先：盘面8目   难度：★★★★★☆

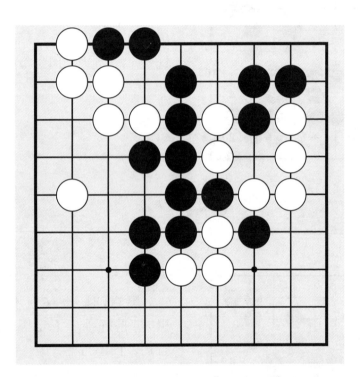

解题思路： 左下角和右下角的官子是本局的难点，收官的次序很重要，第一步是关键。

第089局 讲解

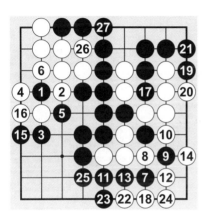

正解图

正解图

黑1、3是官子好手，白4打是正应。黑1若走3位靠，白走1位退，黑棋亏损。黑7、9是官子妙手，白10、12是最佳应对。黑15立是双先2目。黑17断很大。定型至黑27，黑棋21目，白棋13目，黑棋盘面8目。

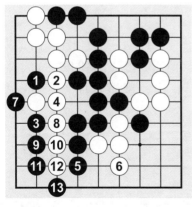

变化图1

变化图1

黑3夹时，白4接不好，黑5立是先手，白6立，黑7渡过。下至黑13，白不行。

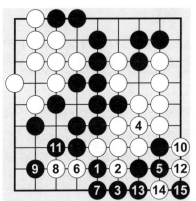

变化图2

变化图2

正解图黑11于本图黑1扳时，白2冲不好，黑3以下必然。下至黑15形成打劫，白不行。

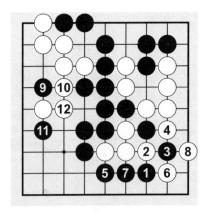

变化图3

变化图3

黑1跳次序有误，白2以下必然。黑11夹时，白12接是正应，黑棋亏损。

第090局

黑先：盘面7目　　　　难度：★★★★☆

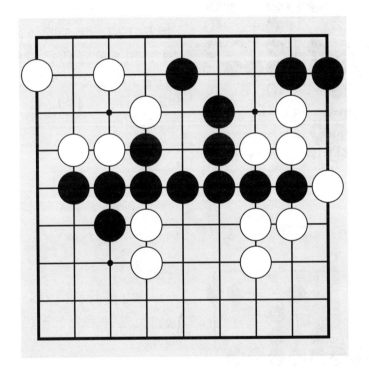

解题思路：左下角可以施展手段，左上角的官子也不容忽视，细节决定成败。

第 090 局 讲解

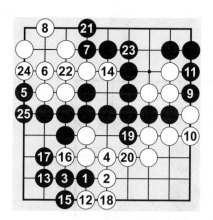

正解图

正解图

黑 1 托是官子妙手，白 2 扳是正应。黑 5 扳是官子好手，白 6 弯最佳。黑 9 扑是后手 8 目。定型至黑 25，黑棋 19 目，白棋 12 目，黑棋盘面 7 目。

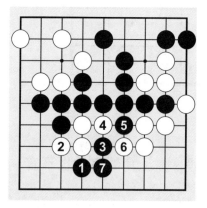

变化图1

变化图1

黑1托时，白2拐不好，黑3扳是好手。下至黑7，白不行。

214

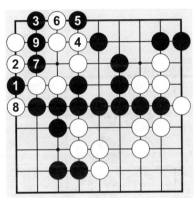

变化图2

变化图2

　　正解图黑5于本图黑1扳时，白2打不好，黑3点是好手。下至黑9，白棋净死。

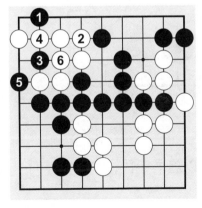

变化图3

变化图3

　　正解图黑5于本图黑1点不好，白2团是正应。下至白6，黑棋亏损。

215

第091局

黑先：盘面2目　　　　　难度：★★★★☆

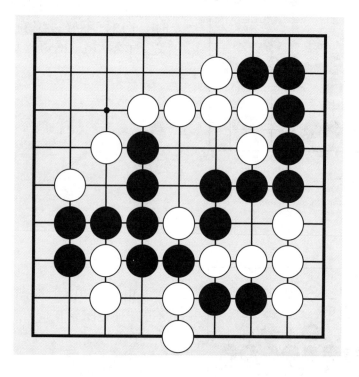

> **解题思路：**左上角和左下角可以施展手段，收官的次序很重要，注意保留劫材。

第091局 讲解

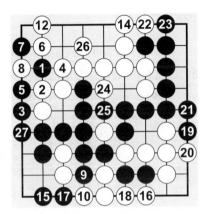

正解图 **11** = **1**　**13** = ⑧

正解图

黑1、3是官子手筋，白4接是正应，黑5爬，白6打时，黑7扳是劫材有利的官子好手。黑11提时，白12只能退让。黑15跳是官子好手。定型至黑27，黑棋14目，白棋12目，黑棋盘面2目。

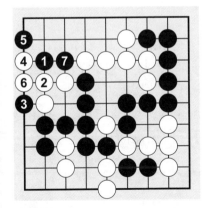

变化图1

变化图1

黑3扳时，白4扳不好，黑5打是好手。下至黑7，白不行。

217

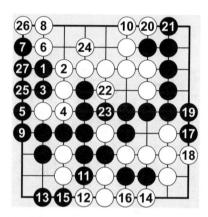

变化图2

变化图2

　　黑1点时，白2接，黑3挤。白6扳时，黑7扳是好手，白8以下必然。定型至黑27，与正解图目数相同。

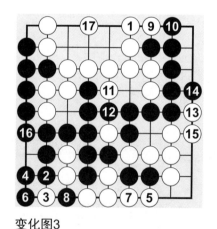

变化图3

变化图3

　　正解图白14于本图白1立时，黑2打不好，白3扳是官子好手，黑4以下必然。定型至白17，黑棋12目，白棋13目，白棋盘面1目。

第 092 局

黑先：盘面11目   难度★★★★☆

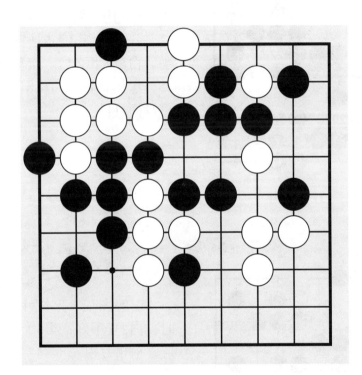

解题思路： 左上角和右下角可以施展手段，要从整体考虑收官的次序，注意保留劫材。

第 092 局 讲解

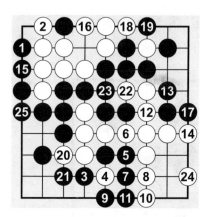

正解图

黑1托是官子好手，白2打是正应。黑3、5是官子妙手，白6以下必然。定型至黑25，黑棋19目，白棋8目，黑棋盘面11目。

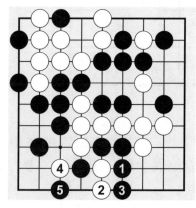

变化图1

变化图1

正解图黑7于本图黑1打时，白2立不好，黑3、5是正应，白棋亏损。

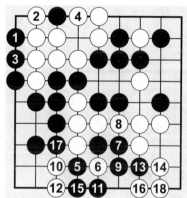

变化图2

变化图2

　　白2打时，黑3接次序有误，白4提，黑损失了劫材。黑9打时，白10、12是好手。下至白18，黑不行。黑15若走17位断，白走15位打形成打劫，黑依然不行。

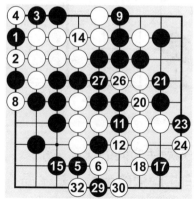

变化图3　　⑦⑬⑲㉕㉛＝①
　　　　　⑩⑯㉒㉘㉝＝④

变化图3

　　黑1托时，白2冲过分，黑3爬形成打劫。白14接时，黑15退要紧，收官的同时多出很多劫材。下至黑33，白劫材不利，白不行。

第093局

黑先：盘面6目　　　　　　难度：★★★★★☆

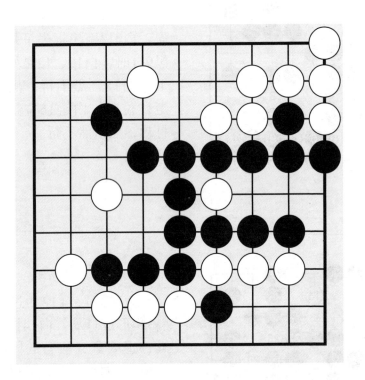

解题思路：大官子有很多，注意先后手之间的次第关系，问题似乎不难解决，能否发现白棋隐藏的手段，是本局的难点所在。

第 093 局 讲解

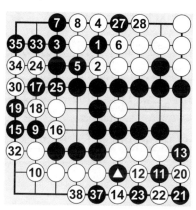

正解图 ㉖＝㉒　㉙＝㉓　㉛＝▲
　　　㊱＝⑲　㊴＝⑭

正解图

黑 1 靠是官子手筋，白 2
以下必然。黑 9 先手交换后，
黑 11 夹是重要的次序。黑 15
立时，白 16、18 是造劫材的
好手，黑 19 拐时，白 20、22
开劫，黑 23 提劫，白 24 挤是
找劫的好手，黑 25 以下必然。
白 30 扑劫时，黑 31 只能消劫。
定型至黑 39，黑棋 21 目，白
棋 15 目，黑棋盘面 6 目。

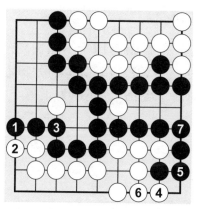

变化图1

变化图1

正解图黑15于本图黑1立
时，白2挡不好。定型至黑
7，黑棋20目，白棋13目，黑
棋盘面7目。

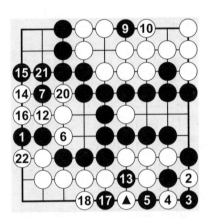

变化图2　⑧=④　⑪=⑤　⑲=▲

变化图2

　　黑1立时，白2、4开劫操之过急，白6断时，黑7尖是好手。黑11提劫时，白12以下转换。定型至白22，黑棋23目，白棋14目，黑棋盘面9目。

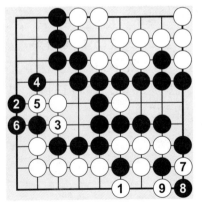

变化图3

变化图3

　　正解图白14于本图白1提时，黑2尖，白3、5为最佳应对。下至白9，还原为正解。

第 094 局

黑先：盘面8目　　　　难度：★★★★☆

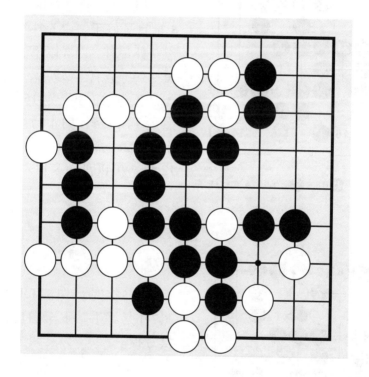

解题思路：左上角和右下角可以施展手段，应该先从左上角收官，双方的攻防非常精彩！

第 094 局 讲解

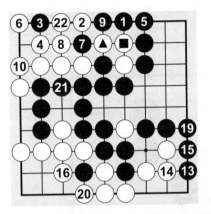

正解图 ⑪⑱=❼ ⑫=▲ ⑰=■

正解图

正解图

黑1扳，白2虎时，黑3、5是官子好手，白6扑绝妙，黑7扑最佳，白8以下必然。黑13点是官子妙手，白14团是正应。白14若走15位挡，黑走14位挤，白不行。定型至白22，黑棋20目，白棋12目，黑棋盘面8目。

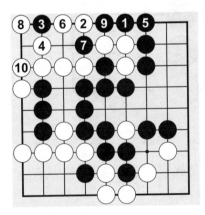

变化图1

变化图1

黑5接时，白6打不好，黑7扑是好手。下至白10，白棋亏损。

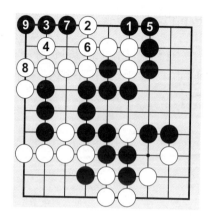

变化图2

变化图2

黑5接时，白6接不好，黑7顶是好手。下至黑9，形成"盘角曲四"，白不行。

变化图3

白2虎时，黑3、5是常见的官子手筋，但在本局不好。定型至黑17，黑棋17目，白棋10目，黑棋盘面7目。

变化图3　⑮ = ▲

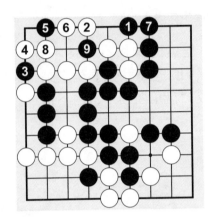

变化图4

变化图4

黑3扑时，白4提不好，黑5点是好手。下至黑9，白不行。

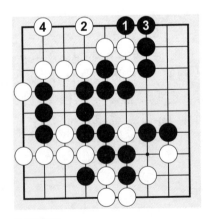

变化图5

变化图5

白2虎时，黑3接不好，白4跳是好手，黑棋毫无所得。

第095局

黑先：盘面11目　　　　难度★★★★☆

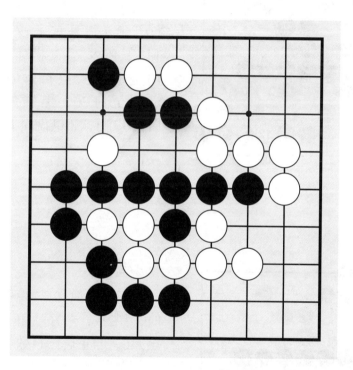

第 095 局 讲解

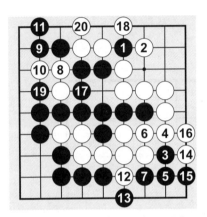

正解图

正解图

黑 1 断是官子好手，白 2 打，黑 3 托是官子妙手，白 4 以下必然。黑 7 拐时，白 8、10 是好次序，黑 11 弯是正应。定型至白 20，黑棋 24 目，白棋 13 目，黑棋盘面 11 目。

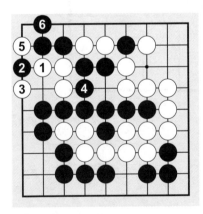

变化图1

变化图1

变化图1

正解图白10于本图白1挡时，黑2扳，白3打是正应。下至黑6，与正解图目数相同。

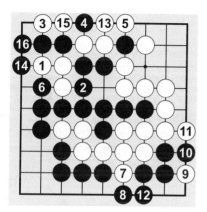

变化图2　⑰ = ❹

白1挡时，黑2接不好，白3夹是官子好手，黑4以下必然。定型至白17，黑棋22目，白棋13目，黑棋盘面9目。

变化图3

正解图黑7于本图黑1拐时，白2提不好，黑3立是好手，白4以下必然。定型至白10，黑棋25目，白棋13目，黑棋盘面12目。

变化图3

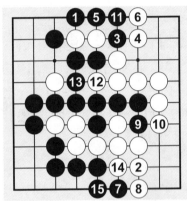

变化图4

变化图4

黑1扳不好，白2弯是正应，黑3以下必然。定型至黑15，黑棋26目，白棋16目，黑棋盘面10目。

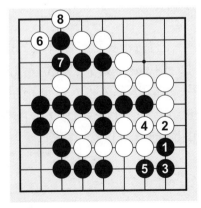

变化图5

变化图5

黑1托次序有误。白6夹严厉，黑棋大损。

第 096 局

黑先：盘面13目   难度 ★ ★ ★ ★ ☆

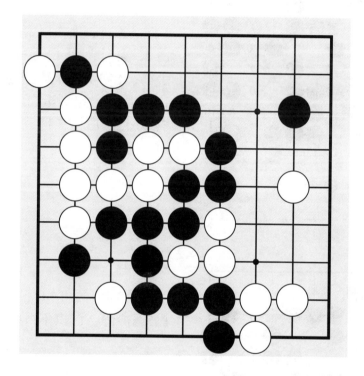

解题思路：大官子有很多，左上角和右下角可以施展手段，黑棋应该如何收官呢？

第 096 局 讲解

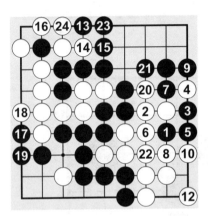

正解图 ⑪ = ④

正解图

黑 1、3 是官子妙手，白 4 打是正应，黑 5 以下必然。白 12 尖时，黑 13 跳是官子手筋，白 14、16 是正应，黑 17 扳最佳。定型至白 24，黑棋 20 目，白棋 7 目，黑棋盘面 13 目。

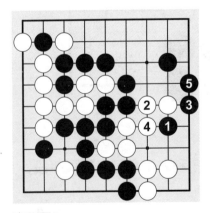

变化图1

变化图1

黑3扳时，白4接不好，黑5退冷静，白棋不行。

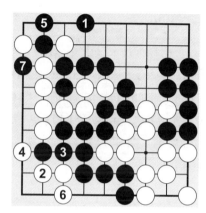

变化图2

变化图2

正解图黑13于本图黑1跳时，白2、4不好，黑5立是好手。下至黑7，白棋净死。

变化图3

变化图3

正解图白16于本图白1提时，黑2打不好，白3夹是正应。定型至黑10，黑棋24目，白棋12目，黑棋盘面12目。

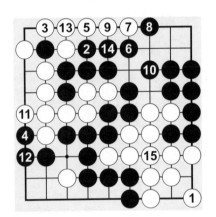

变化图4

变化图4

正解图白12于本图白1尖时，黑2打不好，白3提，黑4扳时，白5扳黑很难受，黑6虎是正应。定型至白15，黑棋17目，白棋7目，黑棋盘面10目。

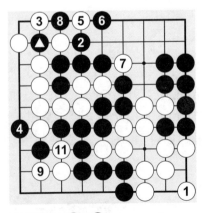

变化图5　⑩＝▲

变化图5

白5扳时，黑6打不好，白7开劫严厉。下至白11，黑棋大损。

第 097 局

黑先：盘面平目　　　　难度：★ ★ ★ ★ ☆

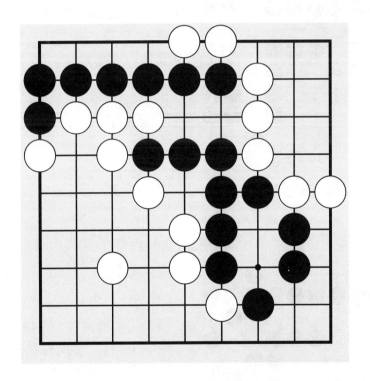

解题思路： 右上角可以施展手段，左下角的两处官子也
不容忽视。

第 097 局 讲解

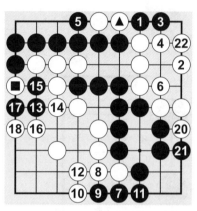

正解图 **⑲** = **■** **㉓** = **▲**

正解图

黑 1 扑是官子好手，白 2 跳是正应。黑 7 打是官子手筋，白 8 接最佳。黑 13 点是后手 6 目。定型至黑 23，黑棋 13 目，白棋 13 目，双方盘面平目。

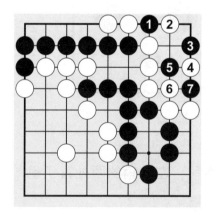

变化图1

变化图1

黑1扑时，白2提不好，黑3点是好手，白4靠是正应。下至黑7形成打劫，白不行。白4若走5位弯，黑走4位爬，白棋净死。

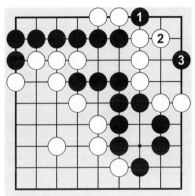

变化图2

变化图2

黑1扑时，白2弯不好，黑3点是好手，白棋净死。

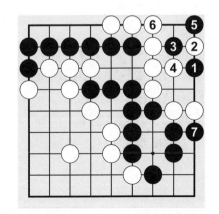

变化图3

变化图3

黑1点不好，白2靠是正应。黑7挡是后手，黑棋亏损。白2若走4位顶，黑走2位长，白走3位团，黑走7位挡，白不行。

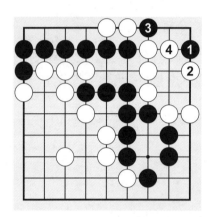

变化图4

变化图4

黑1点不好，白2靠是正应，黑3扑，白4打，黑棋亏损。

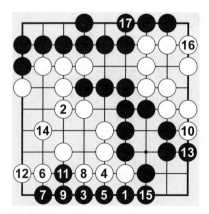

变化图5

变化图5

正解图黑7于本图黑1打时，白2接不好，黑3跳是官子好手，白4以下必然。定型至黑17，黑棋12目，白棋11目，黑棋盘面1目。

240

第 098 局

黑先：盘面5目　　　　难度：★★★★☆

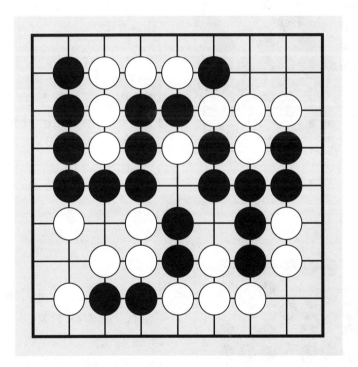

解题思路：上边的官子是本局的难点，第一步是关键。

第 098 局 讲解

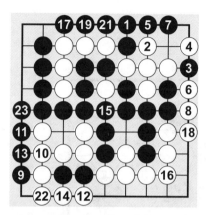

正解图 ⑳ = ❸

正解图

黑 1、3 是好次序，白 4 挡是正应。黑 9、11 是官子妙手，白 12 打最佳。黑 9 若走 11 位扳，白走 9 位立，黑棋亏损。定型至黑 23，黑棋 17 目，白棋 12 目，黑棋盘面 5 目。

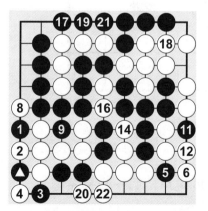

变化图1 ❼❸ = ▲ ⑩ = ④ ⑮ = ❶

变化图1

正解图黑 11 于本图黑 1 扳时，白 2 冲不好，黑 3 打形成打劫。白 14 打时，黑 15 消劫最佳。定型至白 22，黑棋 32 目，白棋 25 目，黑棋盘面 7 目。

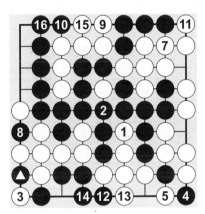

变化图2 ⑥ = ▲

变化图2

变化图 1 白 14 于本图白 1 打时，黑 2 应劫不好，白 3 以下必然。定型至黑 16，黑棋 24 目，白棋 18 目，黑棋盘面 6 目。

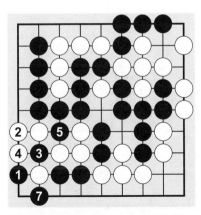

变化图3 ⑥ = ❸

变化图3

正解图黑 9 于本图黑 1 夹时，白 2 立不好，黑 3 扑是好手，下至黑 7 形成打劫，白不行。

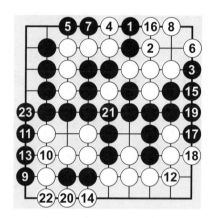

变化图4

变化图4

黑3扳时，白4打是局部做活的好手，但在本局不好，黑5打是正应，白6以下必然。定型至黑23，黑棋19目，白棋12目，黑棋盘面7目。

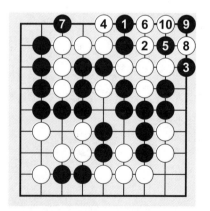

变化图5

变化图5

白4打时，黑5打不成立，白6以下必然。下至白10，黑不行。

第 099 局

黑先：盘面6目　　　　难度：★★★★☆

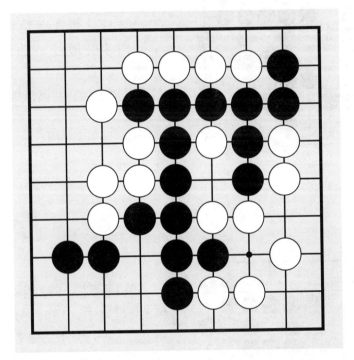

解题思路：左上角白棋棋形不佳，但黑棋应该先从右下角收官，第一步是关键。

第 099 局 讲解

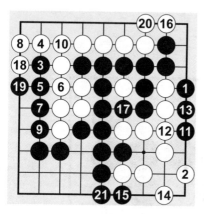

正解图

正解图

黑 1 扳是官子好手，白 2 尖是正应。黑 3 夹是官子妙手，白 4 虎最佳，黑 5 以下必然。定型至黑 21，黑棋 14 目，白棋 8 目，黑棋盘面 6 目。

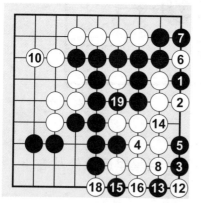

变化图1　**9**=**1**　**11**=⑥　**17**=⑫

变化图1

黑1扳时，白2挡不好，黑3点是好手，白4、6是最强抵抗。黑9提时，白10补劫材，黑11接时，白12扑是最佳应对。下至黑19，白棋劫材不利，白不行。

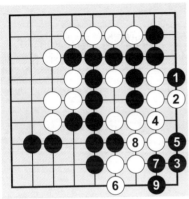

变化图2

变化图2

黑3点时，白4接不好，黑5以下必然。下至黑9，白棋净死。

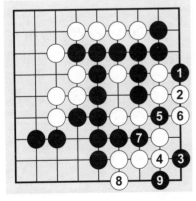

变化图3

变化图3

黑3点时，白4团不好，黑5扑是好手。下至黑9，形成"盘角曲四"，白不行。

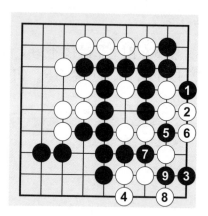

变化图4

黑3点时，白4立不好，黑5、7是好手。下至黑9，白不行。

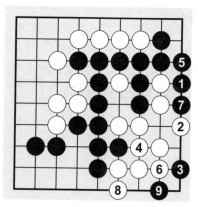

变化图5

变化图5

黑1扳时，白2做眼不好，黑3、5是好手。下至黑9，白不行。

第100局

黑先：盘面4目　　　　　难度：★★★★☆

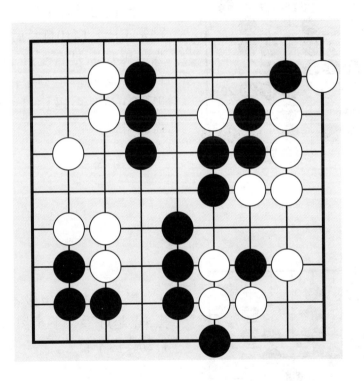

解题思路： 左上角可以施展手段，第一步是关键。

第 100 局 讲解

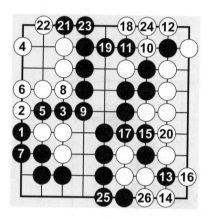

正解图

黑1、3是官子妙手，白4跳是正应。白10打是后手8目强。黑13断是官子好手，白14以下必然。定型至白26，黑棋19目，白棋15目，黑棋盘面4目。

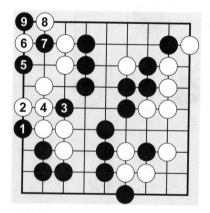

变化图1

变化图1

黑3尖时，白4接不好，黑5点是好手。下至黑9形成打劫，白不行。

250

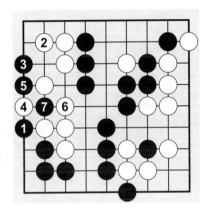

变化图2

变化图2

　　黑1扳时，白2弯不好，黑3点，白4打时，黑5打是妙手，白6弯最佳，黑7提形成打劫，白不行。

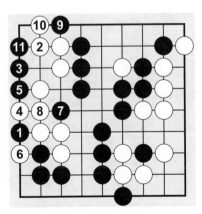

变化图3

变化图3

　　黑5打时，白6提不好，黑7尖是好手。下至黑11，白棋净死。

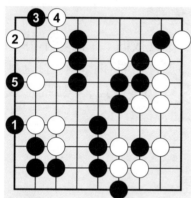

变化图4

变化图4

黑1扳时，白2跳不好，黑3点是好手。下至黑5，白不行。

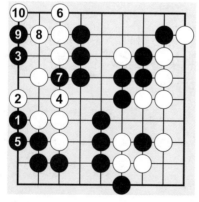

变化图5

变化图5

白2挡时，黑3点不好，白4弯是正应。下至白10，黑棋亏损。

第101局

黑先：盘面11目　　　　　难度 ★★★★☆

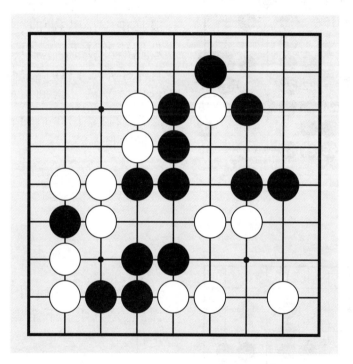

解题思路： 左上角和右下角可以施展手段，右下角的官子是本局的难点，黑棋应该如何收官呢？

第101局 讲解

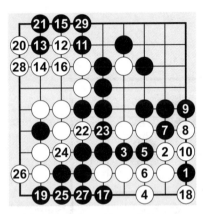

正解图

黑1托是官子好手，白2退是正应，黑3冲时，白4尖是做活的好手。黑11、13是官子手筋，白14虎最佳，黑15以下必然。定型至黑29，黑棋22目，白棋11目，黑棋盘面11目。

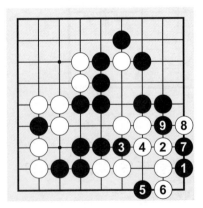

变化图1

变化图1

黑3冲时，白4团不好，黑5点是好手。下至黑9，白不行。

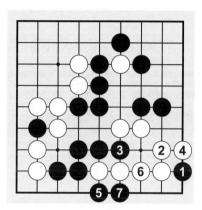

变化图2

变化图2

黑3冲时，白4拐不好，黑5扳是好手。下至黑7，白不行。

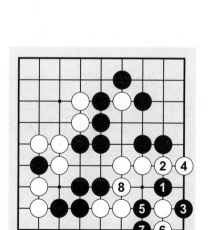

变化图3

变化图3

黑1靠不好，白2冲，黑3扳时，白4立是好手。下至白8，黑不行。黑3若走4位渡过，白走3位立，黑棋依然亏损。

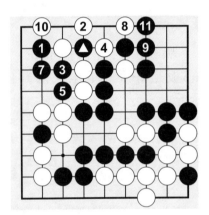

变化图4　⑥=▲

正解图黑13于本图黑1夹时，白2打不好，黑3打是好手，白4以下必然，下至黑11形成打劫，白不行。

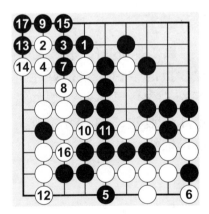

变化图5

正解图黑11于本图黑1扳时，白2飞，黑3以下必然。定型至黑17，黑棋23目，白棋12目，黑棋盘面11目。

第102局

黑先：盘面7目　　　　　难度：★★★★★☆

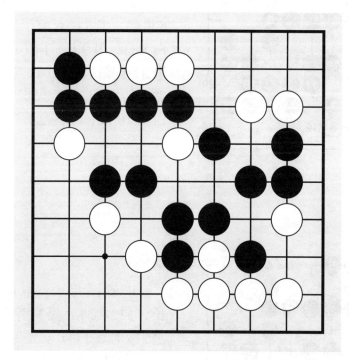

解题思路： 左下角和右上角可以施展手段，应该先从右上角收官，第一步是关键。

第 102 局 讲解

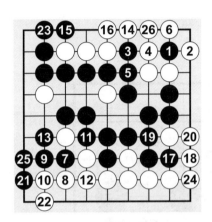

正解图

正解图

正解图

黑1、3是官子妙手，白4、6做活。黑7挤是官子好手，白8打，黑9长，白10爬时，黑11打最佳，白12以下必然。定型至白26，黑棋17目，白棋10目，黑棋盘面7目。

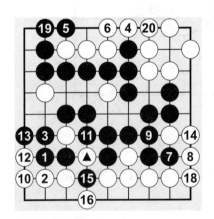

变化图1 ⓱ = ▲

变化图1

正解图黑9于本图黑1长，白2爬时，黑3拐不好。黑9接时，白10立是官子好手，黑11提最佳。定型至白20，黑棋17目，白棋11目，黑棋盘面6目。

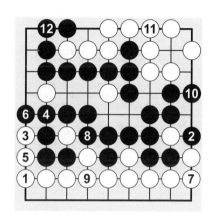

变化图2

变化图2

变化图1白10于本图1位立时，黑2提不好，白3夹是官子好手。定型至黑12，黑棋17目，白棋12目，黑棋盘面5目。

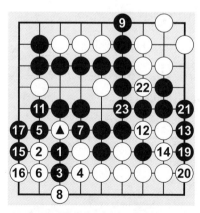

变化图3　⑩＝▲　⑱＝❶

变化图3

正解图黑7于本图黑1挤时，白2打，黑3立，白4接是正应，黑5以下必然。定型至黑23，黑棋23目，白棋16目，黑棋盘面7目。

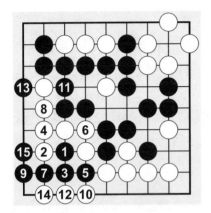

变化图4

正解图黑7于本图黑1挤时，白2打，黑3立，白4接不好，黑5以下必然。下至黑15，白不行。

变化图4

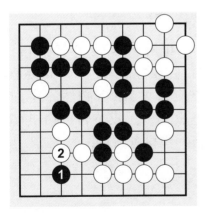

变化图5

黑1点也是手筋，但在本局不好。白2团是正应，黑棋无功而返。

变化图5

第 103 局

黑先：盘面7目　　　　难度：★ ★ ★ ★ ★ ☆

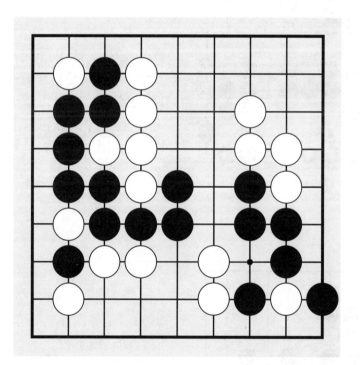

解题思路：左下角和右上角可以施展手段，黑棋应该如何收官呢？

261

第103局 讲解

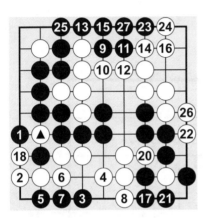

正解图　　**⑲ = ▲**

正解图

黑1提是先手官子，白2立，黑3点是官子好手，白4弯是正应，黑5以下走成先手双活。黑9夹是官子好手，白10挡最佳，黑11以下必然。定型至黑27，黑棋12目，白棋5目，黑棋盘面7目。

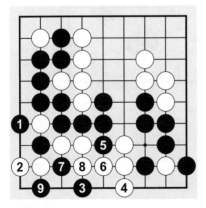

变化图1

变化图1

黑3点时，白4立不好，黑5、7是好次序。下至黑9形成打劫，白不行。

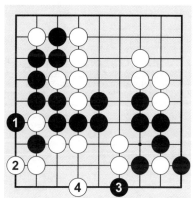

变化图2

白2立时，黑3扳不好，白4跳最佳，黑棋亏损。

变化图2

变化图3

正解图黑9于本图黑1夹时，白2立不好，黑3尖是好手，白4挤时，黑5打是妙手，白6接最佳，黑7以下必然。下至黑21，白不行。

变化图3　⑱ = ⑫　㉑ = ❺

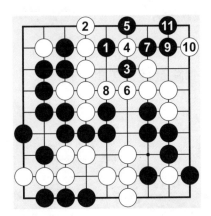

变化图4

变化图4

黑5打时，白6打不成立，黑7以下必然。下至黑11，白棋净死。

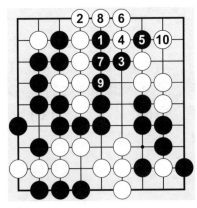

变化图5

变化图5

白4挤时，黑5打不好，白6立是好手。下至白10，黑棋无功而返。

第104局

黑先：盘面5目　　　　难度：★★★★☆

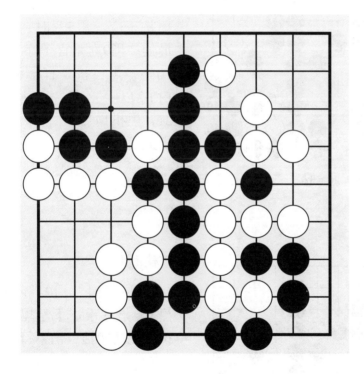

解题思路：棋局似乎已接近尾声，黑棋实地明显不足，左下角白棋棋形不佳，黑棋起死回生的妙手在哪呢？

第104局 讲解

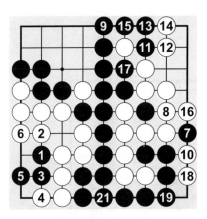

正解图 ⑳=❼

正解图

黑1靠是官子妙手，白2顶是正应。黑5弯时，白6团最佳。黑9立是官子好手，白10扑，黑11挤是官子手筋，白12以下必然。定型至黑21，黑棋14目，白棋9目，黑棋盘面5目。

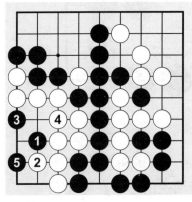

变化图1

变化图1

黑1靠时，白2挡不好，黑3尖是好手。下至黑5，白棋已无法净活，白不行。

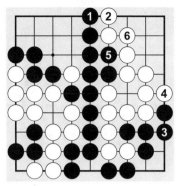

变化图2

变化图2

正解图黑9于本图黑1立时，白2挡，黑3接最佳。定型至白6，黑棋16目，白棋11目，黑棋盘面5目。

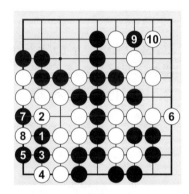

变化图3　⑪＝❼

变化图3

黑5弯时，白6立不好，黑7开劫严厉。下至黑11，白不行。

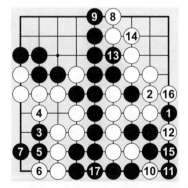

变化图4　⑱＝⑫　⑲＝⑩　⑳＝❶

变化图4

黑1打次序有误。黑7弯时，白8立最佳。白12扑时，黑13挤，白14以下必然。定型至白20，黑棋13目，白棋11目，黑棋盘面2目。

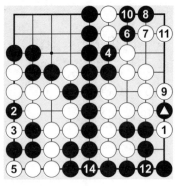

变化图5　⑬ = ▲

变化图5

变化图4白12于本图白1扑时，黑2扑开劫，白3以下必然。黑8扳时，白9提是好手，黑10提最佳。定型至黑14，黑棋17目，白棋15目，黑棋盘面2目。

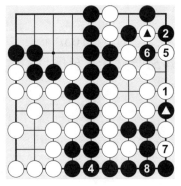

变化图6　③ = ▲　⑨ = (▲)

变化图6

变化图5白9于本图白1提时，黑2打不好，白3、5是好次序。下至白9，黑棋亏损。

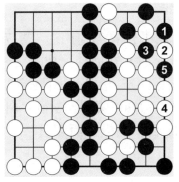

变化图7

变化图7

变化图6黑2于本图黑1打时，白2做劫次序有误，黑3提劫，白4接已不是劫材，黑5提，白不行。

第105局

黑先：盘面8目　　　　　难度：★★★★★☆

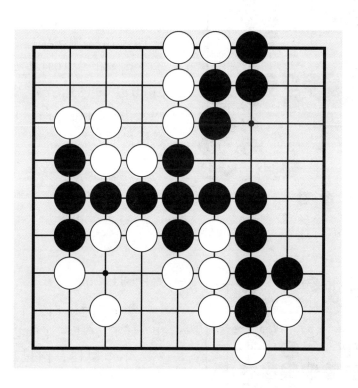

解题思路：左上角和下边白棋棋形不佳，应该先从左上角收官，第一步是关键。

第105局 讲解

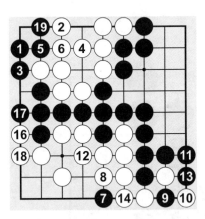

正解图　⑮=❾

正解图

　　黑1点是官子妙手，白2跳是正应。黑7点是官子好手，白8团，黑9扑是好手，白10以下必然。定型至黑19，黑棋21目，白棋13目，黑棋盘面8目。

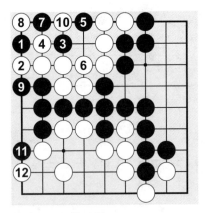

变化图1　⓭=❼

变化图1

　　黑1点时，白2挡不好，黑3托是好手，白4以下必然。下至黑13，白棋劫材不利，白不行。

270

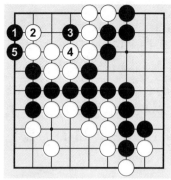

变化图2

变化图2

黑1点时，白2挡不好，黑3点是好手。下至黑5，白不行。

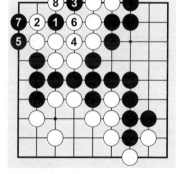

变化图3

变化图3

黑1托不好，白2拐是正应。黑5扳时，白6打是好手。下至白8，黑棋亏损。

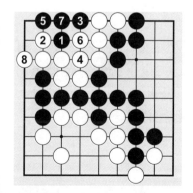

变化图4

变化图4

黑3尖，白4接时，黑5扳，白6打是好手。下至白8，黑棋亏损。

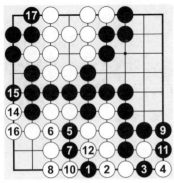

变化图5　⑬=❸

变化图5

正解图黑7于本图黑1点时，白2接，黑3扑，白4提时，黑5、7最佳，白8以下必然。定型至黑17，黑棋21目，白棋13目，黑棋盘面8目。

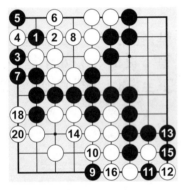

变化图6　⑰=⓫　⑲=④

变化图6

黑1夹也是官子手筋，但在本局不好，白2挡，黑3以下必然。定型至白20，黑棋20目，白棋13目，黑棋盘面7目。

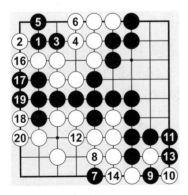

变化图7　⑮=❾

变化图7

黑1夹时，白2扳也可行，黑3以下必然。定型至白20，黑棋19目，白棋12目，黑棋盘面7目。

第106局

黑先：盘面4目　　　　难度：★★★★★☆

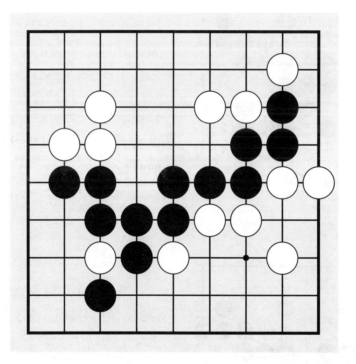

解题思路：上边和右下角可以施展手段，应该先从右下角收官，第一步是关键。

第106局 讲解

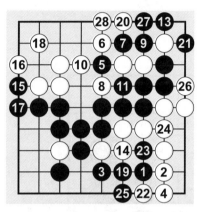

正解图　⑫ = ❺

正解图

黑1点是官子好手，白2挡是正应。白2若走19位虎，黑走3位打，白不行。黑5、7是官子妙手，白8打最佳，黑9以下必然。黑17接时，白18补棋必要。定型至白28，黑棋17目，白棋13目，黑棋盘面4目。

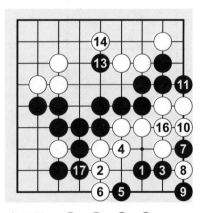

变化图1　⑫ = ⑧　⑮ = ❼

变化图1

黑1点时，白2立不好，黑3爬，白4接时，黑5尖是好手，白6以下必然。下至黑17，白棋劫材不利，白不行。

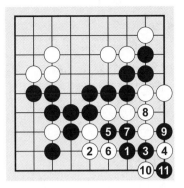

变化图2

变化图2

黑3爬时，白4扳，黑5断即可。下至黑11形成打劫，白不行。

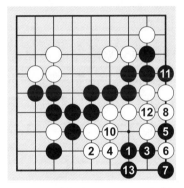

变化图3　**9** = ⑥

变化图3

黑3爬时，白4顶不好，黑5扳是要点。下至黑13，白棋净死。

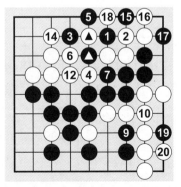

变化图4　⑧**13** = ▲　**11** = ▲

21 = **15**

变化图4

正解图黑7于本图黑1断时，白2接不好，黑3打，白4以下形成打劫。下至黑21，白不行。

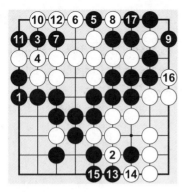

变化图5　⑱=❺

变化图5

正解图黑17于本图黑1接时，白2冲不好，黑3、5最佳，白6以下必然。黑11冲时，白12接必要，白12若走15位打，黑走17位打形成打劫，白不行。定型至白18，黑棋16目，白棋9目，黑棋盘面7目。

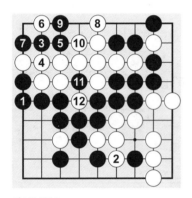

变化图6

变化图6

黑5爬不好，白6托是正应，黑7冲，白8立是好手。下至白12，黑劫材不利，黑不行。

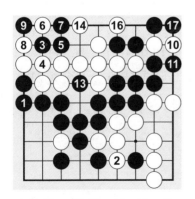

变化图7　⑫⑱=⑥　❶❺=❾

变化图7

白6托时，黑7打，白8拐必然。下至白18，黑依然不行。

第107局

黑先：盘面2目　　　　难度：★★★★★★

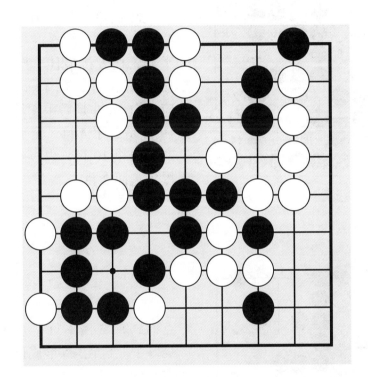

解题思路：左上角和右下角可以施展手段，要从整体考虑收官的次序，涉及打劫的问题，要注意保留劫材。

第107局 讲解

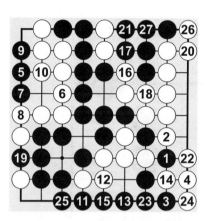

正解图

正解图

黑1、3是官子妙手，白4点是正应，黑5点是官子手筋，白6接最佳。黑11、13是好次序，白14打是正应。白16冲是后手5目。黑19打是后手4目。定型至黑27，黑棋10目，白棋8目，黑棋盘面2目。

变化图1

变化图1

正解图黑5于本图黑1点时，白2挡不好，黑3尖是好手。下至黑5形成打劫，白不行。

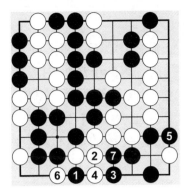

变化图2

变化图2

正解图黑11于本图黑1打，白2接，黑3尖时，白4冲不好，黑5挡是好手。下至黑7，白不行。

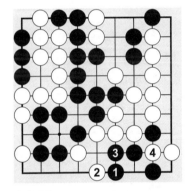

变化图3

变化图3

正解图黑11于本图黑1尖次序有误，白2虎是正应，黑3团，白4断，黑不行。

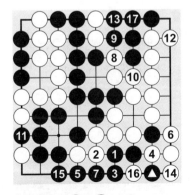

变化图4　⑱ = ▲

变化图4

正解图黑11于本图黑1长，随后黑3立不够细腻，白4以下必然。定型至白18，黑棋10目，白棋9目，黑棋盘面1目。

279

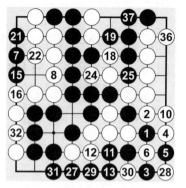

变化图5 ⑨⑰㉓=❶ ⑭⑳㉖=⑥
　　　　 ㉝=❸ ㉞=❺ ㉟=㉚

变化图5

变化图5

正解图中黑 3 虎时，白 4 打不好，黑 5 开劫，白 6 提时，黑 7 点是绝好的劫材，白 8 以下必然。白 26 提时，黑 27 扳是关键的劫材。定型至黑 37，黑棋 13 目，白棋 8 目，黑棋盘面 5 目。

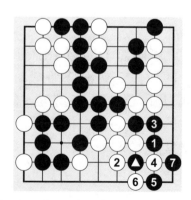

变化图6

变化图6

黑1扳时，白2挡不好。黑3虎是妙手。下至黑7，形成打劫，白不行。

变化图7

白2挡时，黑3接不好，白4以下必然。下至白8，黑不行。

变化图7 ⑧=▲

280

第108局

黑先：盘面9目　　　　难度：★★★★★★

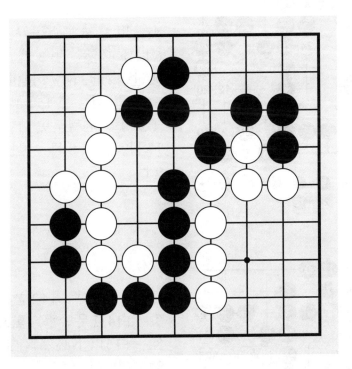

解题思路：右下角白棋看似铜墙铁壁，其实隐藏严厉的
手段，第一步是关键。

第108局 讲解

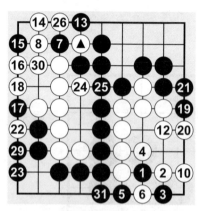

正解图　⑨=❶　⑪=⑥　㉗=▲
　　　　㉘=⑰

正解图

黑1夹是官子妙手，白2夹，黑3、5是官子好手，白6以下必然。黑3若走5位渡过，白走3位立，黑棋亏损。白14立时，黑15、17是官子妙手。定型至黑31，黑棋17目，白棋8目，黑棋盘面9目。

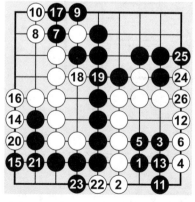

变化图1

变化图1

黑1夹时，白2立，黑3尖，白4点是妙手，黑5团最佳，白6以下必然。白10立时，黑11尖是好手，形成双活。定型至白26，黑棋15目，白棋6目，黑棋盘面9目。

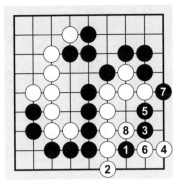

变化图2

变化图2

白4点时，黑5顶不好，白6挤是正应。下至白8，黑棋亏损。

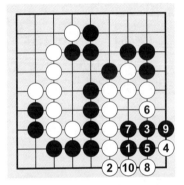

变化图3

变化图3

白4点时，黑5团不好，白6、8是好手。下至白10，黑不行。

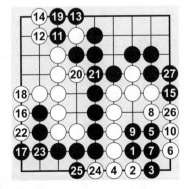

变化图4

变化图4

黑1夹时，白2扳不好，黑3、5是正应，白6点最佳，黑7以下必然。白6若走9位打，黑走8位顶形成打劫，白不行。定型至黑27，黑棋16目，白棋6目，黑棋盘面10目。

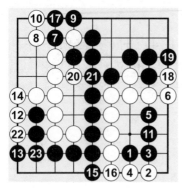

变化图5

变化图5

黑 1 夹时，白 2 点不好，黑 3、5 最佳，白 6 以下必然。白 10 立时，黑 11 接形成双活。定型至黑 23，黑棋 16 目，白棋 6 目，黑棋盘面 10 目。

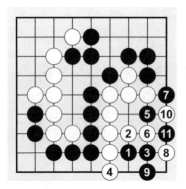

变化图6

变化图6

黑 1 夹时，白 2 挡不好，黑 3、5 为最佳应对。下至黑 11 形成打劫，白不行。

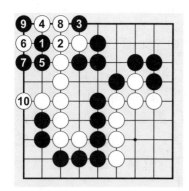

变化图7

变化图7

黑 1 点不好，白 2 以下必然。下至白 10 角里形成"万年劫"，白棋外气很长，黑棋亏损。